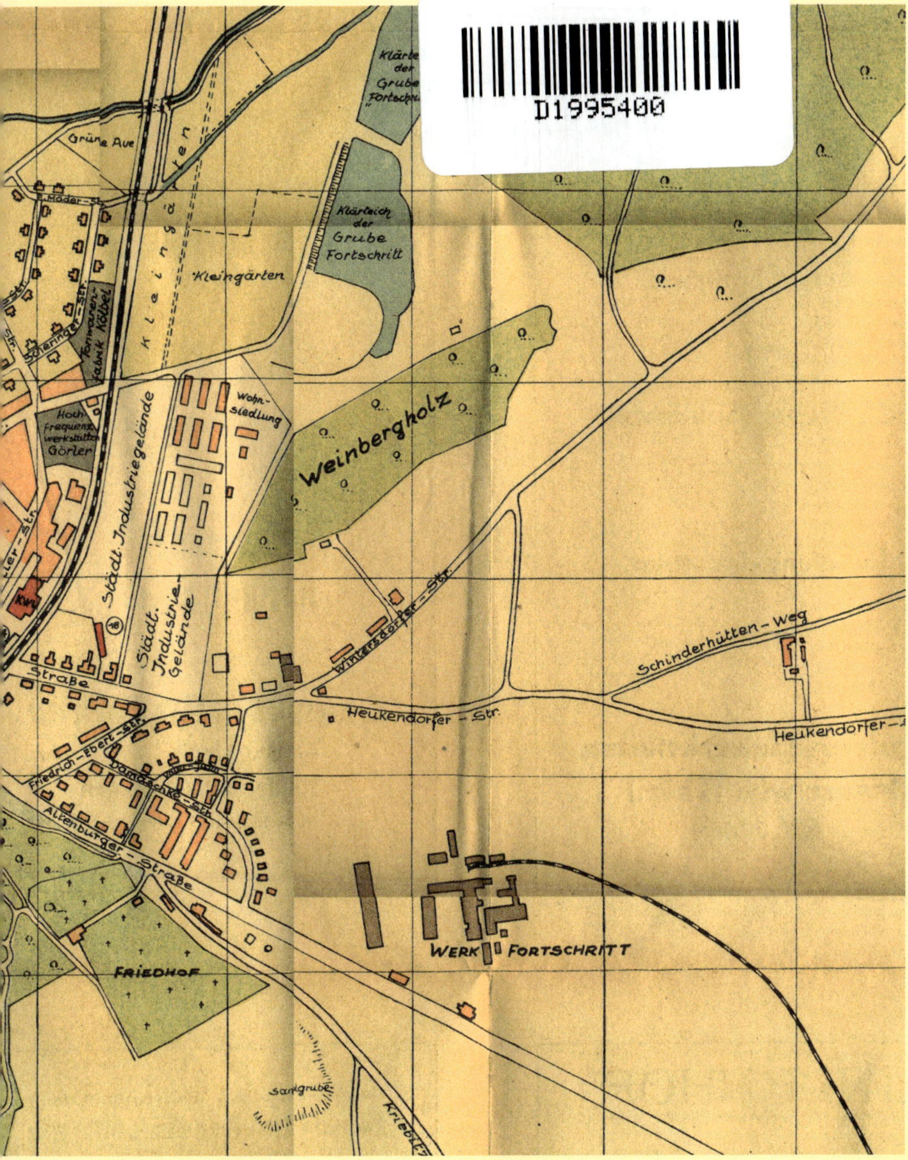

Stadtplan Meuselwitz (Ausschnitt),
um 1948

Für unsere Tochter
und all jene, die Kaschi
und mich ein Stück des
Weges begleitet haben

Margret Franzlik

Erinnerung an Wolfgang Hilbig

: TRANSIT

Postfach 121111 | 10605 Berlin
www.transit-verlag.de

Umschlaggestaltung unter Verwendung
eines Jugendfotos von Wolfgang Hilbig,
1964 (Marianne Hilbig),
und Layout: Gudrun Fröba
Druck und Bindung: Pustet, Regensburg
ISBN 978 3 88747 300 6

Inhalt

Frühjahr 2007. Klingeln bei Hilbig in der Rheinsberger Straße in Berlin. Der Türöffner summt, von oben ins Treppenhaus hinunter die typische Frage: »Biste hinne?« (Bist du drin?). Im Türrahmen steht der Dichter. Er ist also auf den Beinen. Lächelnd bittet Hilbig hinein. Im Arbeitszimmer steht die Luft vor Zigarettenqualm. Das Fenster darf nicht geöffnet werden, der Hausherr friert sonst. Ich halte es nur mit Schal vorm Mund aus. Einmal, im Kassettenrekorder läuft »Waltzing Matilda« mit Tom Waits, bittet Hilbig seine Tochter zum Tanz, ein ungewohnter Moment für den Nichttänzer. Ganz Gastgeber bis fast zum Schluss geht der Dichter in die Küche und kocht Tee, bringt die schwere grüne Kanne herein und schenkt ein. Wie haben wir alle seinen frisch gebrühten Tee geliebt, Teebeutel verabscheute er. Später gibt es keinen Tee mehr, weil der Mann zu schwach ist, die Kanne herein zu tragen. Dafür trinken wir Kaffee to go, von uns mitgebracht wie auch die Hamburger, die Hilbig des weichen warmen Brotes wegen gern isst. Sein letzter Wunsch an mich, bevor er zu einer letzten Fahrt an die Ostsee aufbricht: Ein Brötchen mit Jagdwurst und weiche Bonbons, bitte. Am 19. Mai, beim Abschied für immer, wie sich herausstellen sollte, steht der Todkranke aus seinem Sessel auf, ganz Gentleman.

In Wolfgang Hilbigs Sterbezimmer stand eine lilafarbene Orchidee. Ich erinnere mich, wie ich sie mit unserer Tochter im Gesundbrunnen Center kaufte. Da war sie taufrisch und tiefviolett leuchtend. Ganz zuletzt muss sie jemand vom Wohn-, in das kleine Schlafzimmer gestellt haben, in Sichtweite des Sterbenden. Als das Zimmer längst leer und das Pflegebett abgeholt worden ist, stand die Orchidee immer noch im Fenster, umgeben vom Todeshauch des Dichters …

In Hilbigs letzter Wohnung nach seinem Tode: Schreibtisch, Bücher, CD-Sammlung, Fernseher – alles bereits weggetragen. Nur der alte ovale Tisch mit dem Sessel in der Ecke rechts hinter der Tür im Arbeitszimmer steht noch da. Und an der Wand die leeren Bücherregale. Mache ein paar Fotos, darunter auch von dem Platz, an dem er immer saß, wenn wir – unsere Tochter und ich – ihn besuchten, umgeben von Büchern, Fotostapeln, Medikamenten, Wasserglas, Aschenbecher, Kassettenrekorder und Teekanne mit Stövchen. Ich stelle alte zurückgelassene Ausgaben von »Sinn und Form, die ich im Wohnzimmer nebenan finde, in das früher dicht gefüllte Bücherregal. Die Sonne im Rücken verspricht günstige Lichtverhältnisse. Tage später - die Fotos sind entwickelt – stelle ich verblüfft fest, dass ausgerechnet diese Aufnahme und nur diese nichts geworden ist. Nicht verwackelt oder unscharf, nein, es ist überhaupt nichts darauf zu sehen. Als hätte sich der Tote im Nachhinein dagegen gewehrt, als hätte sein Geist noch in diesem Raum verweilt, als hätte eine unbekannte Macht gewollt, ich, Margret Franzlik, solle mir kein Bild von diesem Ort machen. Das ist merkwürdig und unheimlich zugleich.

Seit Anfang der siebziger Jahre verkehrte ich in Meuselwitz. Gleich am ersten Abend ging es zu einem Rock-Konzert ins Stadthaus. Welche Band spielte, habe ich vergessen, nicht aber die Atmosphäre auf dem Tanzboden im ersten Stock. Ich ging mit meinem Freund Kaschi hin. Wir waren nicht allein als Paar, immer war die Clique um uns herum: Lutz Götze aus Zipsendorf, dann Rolf Eschweiler »Eschi«, Jürgen Schreiber, genannt »Schrips« natürlich, weiter Hans-Jürgen Schmidtke, Reiner Kahnt, genannt »die Katze« mit seiner Freundin Erika, Carmen und die Brüder Franke, Reiner, genannt »der Beatle« und Thomas sowie Dionys Kohl, der in einer Band spielte, Ralph Kramer, Kramer Ralph, wie man in Meuselwitz sagt, und der junge Liedermacher Dieter Kalka. Nach den Konzerten ging es noch mit Wein zu Eschi in seine »Bärenhöhle« in Zipsendorf, zu Schmidtke in das fast leere Haus am Baderdamm, zu Schrips in die Kressestraße oder zur »Katze« in die Gasse an der Poliklinik. Zu Kaschi in die Breitscheid-Straße allerdings ging es nie; seine Mutter musste früh zur Arbeit.

Rechts: Gaststätte im Stadthaus, Meuselwitz

Sitze mit Wolfgang Hilbig im Stadthaus unten in der Gaststätte. Wir trinken Grauen Mönch, einen Weißwein aus Ungarn. Die Anderen um uns herum, Freunde und Bekannte von Wolfgang, bestellen Bier zu 46 Pfennige das Glas und Korn, später am Abend noch Käse- oder Salamiplatte. Auch kommt es vor, dass Kaschis Freund Schrips plötzlich stockbetrunken unter den Tisch sackt. Oder Kellner James eilt mit dem vollen Tablett vorbei und teilt aus. Ein Gläschen bleibt übrig. Fragend blickt James in die Runde. Als sich niemand meldet, zuckt er mit den Schultern und kippt den Schnaps hinunter.

Nach einem Rock-Konzert im Stadthaus – es spielte die Leipziger Bürkholz-Formation – zum »Abfeiern« bei Schrips. Mutter und Großmutter beschweren sich über die Lautstärke. Wir bewerfen uns am Küchentisch ausgelassen mit Brotkügelchen und schwingen die Lampe 'rüber und 'nüber. Einer spielt Gitarre. Meine weißen Sling-Pumps sind kaputt, ein Absatz ist abgebrochen. Ich bin neu in Meuselwitz und noch nicht in der Familie Hilbig/Startek eingeführt. Wolfgang hat mir ein Zimmer bei einer Frau besorgt. Am Morgen weckt er mich mit einer Flasche Milch, Mohnkuchen und – repariertem Schuh.

P.S. Ach ja, der Schrips. Er hielt das Leben nach der Wende, das Leben überhaupt, nicht lange aus. Noch nicht einmal fünfzigjährig ging er davon …

Wolfgang Hilbigs Vater Max stammte aus Schlesien. Er wurde am 20. März 1909 in Neurode (heute Nowa Ruda) am Rande des Eulengebirges geboren. Aus Neurode stammten auch der deutsche Schriftsteller Friedrich Kayssler (1874-1945), der deutsche Theologe, Schriftsteller und Heimatforscher Joseph Wittig (1879-1949) und der deutsche Schriftsteller Werner Steinberg (1913-1992).

Der Großvater

Der Junge ging beim Großvater, einem Schneidermeister, in die Lehre. Als der Großvater starb, zog die Mutter mit dem Sohn nach Meuselwitz, wo sie einen Schokoladenladen betrieb. Sohn Max beendete die Schneiderlehre in dem Dorf Loitz bei Meuselwitz und besuchte außerdem bis 1926 die Städtische Gewerbliche Berufsschule Zeitz. In Hitlers Krieg wurde der vielseitig begabte Mann 1942 befohlen. In seinen Briefen geht es auch um den kleinen Sohn, sein »Wölfchen« oder »Wölfeli«. So schrieb er im letzten Brief vom 11. Januar 1943 aus Russland über den Sohn: »Alle schreiben mir, daß er ein drolliger Kerl ist,

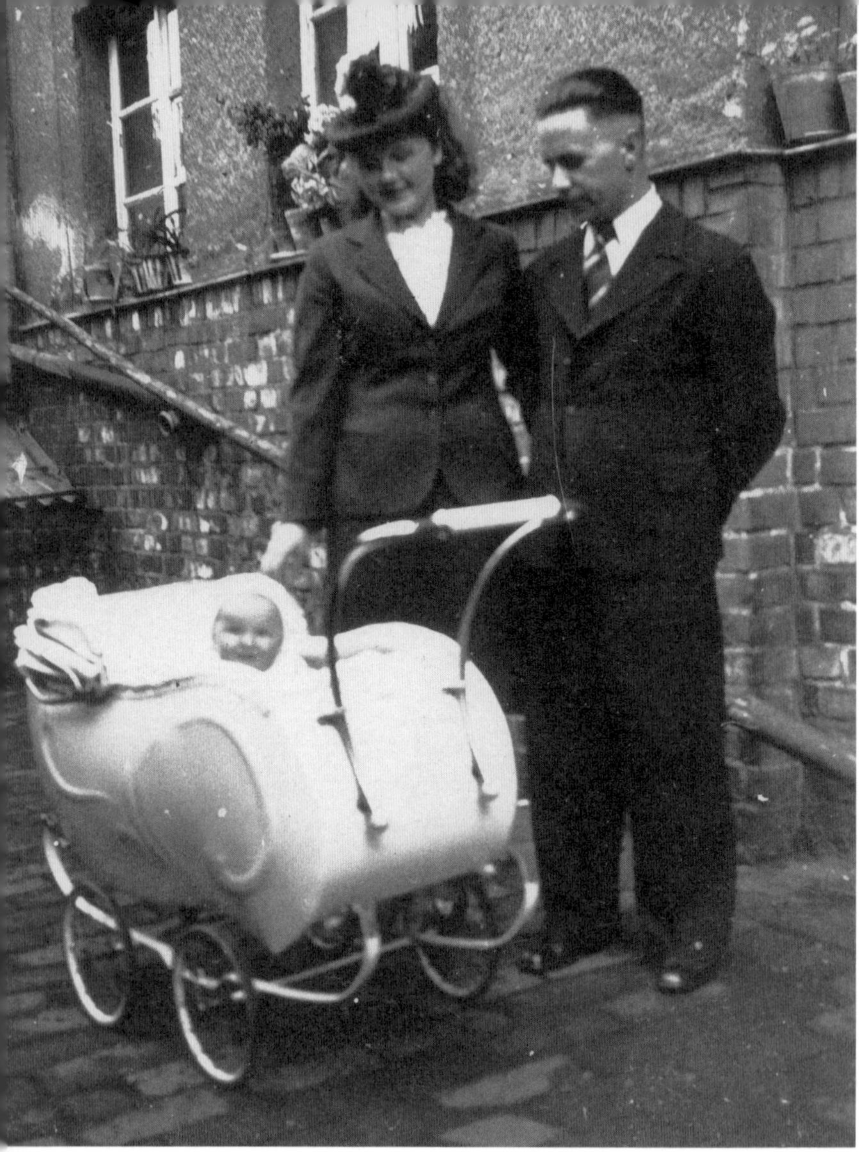

Marianne und Max Hilbig mit Sohn Wolfgang, 1941

und daß er plappert und verständig ist. Da bin ich ja auch gespannt auf ihn …« Gut fünf Wochen vorher, am 28. November 1942, hatte Hilbigs Vater seiner Frau aus Frankreich berichtet: »Über die Bilder von Dir und dem Mätzchen haben sie sich alle gefreut, besonders das Mätzchen gefällt allen. Die Frau aus dem Konfektionsgeschäft erzählt fast allen Kundinnen, was ich für einen hübschen Sohn habe und wie alt Du bist usw. Also sogar den Franzosen gefällt unser Mätzchen …« Seine Briefe nach Hause unterzeichnete Max Hilbig meist mit »Euer Vatel«.

Wolfgang Hilbigs Großvater mütterlicherseits hieß Kasimir Startek und wurde am 4. Januar 1888 in dem Dorf Usch, polnisch Ujscie, Kreis Lublin (Ostpolen) als Sohn des Landwirts Johann Startek und seiner Ehefrau Katharina geboren. Der Vater starb nach einem Unfall in der Schmiede, die Mutter heiratete wieder. Als auch sie gestorben war, wuchs das Kind unter miserablen Bedingungen auf. Statt zur Schule zu gehen, musste es die Kühe des Dorfes hüten und hungern. Der katholische Pfarrer unterrichtete den Jungen zwar in Religion, sorgte aber ansonsten in keiner Weise für seine Bildung. Eine Tante steckte dem Kind Lebensmittel zu. Als Halbwüchsiger schlug sich Kasimir Startek auf der Suche nach einem besseren Leben nach Deutschland durch. Über Bayern, wo er in Ziegeleien sein Brot verdiente, gelangte er nach Meuselwitz, fuhr als Bergmann in die Braunkohlengrube ein und lebte bei der Witwe Paulina Karolina Bethmann (geb. 1886), geborene Wojtaschek, zur Untermiete.
Die beiden verliebten sich ineinander und bekamen drei Kinder: Marianne (geb. 1919), Herta (geb. 1921) und Kurt (geb. 1923). Sie heirateten am 18. März 1922. – Ich lernte den hochgewachsenen Mann mit dichtem braunem Haar und blauen Augen als einen selbst im hohen Alter attraktiven Mann noch persön-

Familienfoto mit den drei Kindern, um 1925

lich kennen. Einmal lud er mich auf einen Schnaps in den »Thüringer Hof« ein.

Hartnäckig hält sich die Legende vom analphabetischen Großvater. Es stimmt, Kasimir Startek sprach schlecht Deutsch und hat es wohl auch kaum geschrieben. Das hielt den Mann aber keineswegs davon ab, sich couragiert und erfolgreich bei Behörden, Nachbarn und Arbeitgebern für die Rechte seiner Familie einzusetzen. Auf den Vornamen des Großvaters anspielend, wurde Enkel Wolfgang »Kaschi« genannt. Kasimir Startek starb am 4. August 1972.

Rechts: Kurtchen, 1939

Wolfgang Hilbig hatte einen Onkel, Kurt. Der einzige Sohn von Kasimir und Paula Startek war der Letztgeborene nach den Töchtern Marianne und Herta. Kurt, Kurtchen gerufen, war ein zartes Kind, das nie richtig essen mochte und als Kleinkind mit einem Leiden an der Hüfte den Eltern große Sorgen bereitete. Als die Ärzte bereits von der Amputation eines Beines sprachen, rieten Nachbarn, das Kind zu einem Arzt nach Wintersdorf bei Meuselwitz zu bringen. Dieser entfernte große Mengen Eiters, und Kurtchen behielt sein Bein. Er wurde Friseur, dann kam der Krieg, und Kurt musste für Hitler an die Ostfront. Als ob er geahnt hätte, von dort nicht mehr

Wir erhielten die für uns schmerzliche Nachricht, daß unser lieber Sohn, Bruder, Schwager u. Onkel der Soldat

Kurt Startek

im Alter von $19^{1}/_{2}$ Jahren bei den schweren Kämpfen im Osten, 3 Tage nach einer Verwundung, am 19. November den Heldentod starb.

Meuselwitz und Jena, am 17. 12. 42.

In stiller Trauer

Kasimir Startek u. Frau, Max Hilbig, z. Zt. i. Felde, **u. Frau Marianne** geb. Startek u. Sohn Wolfgang, **Herta Startek, Gertrud u. Karl Zwanziger.**

zurück zu kommen, ließ er sich vorher noch eine neue Hose schneidern, in der er mit einer Freundin, die die einzige in seinem Leben bleiben sollte, ausging. Der Mutter, die ihn besorgt auf die Einberufung ansprach, antwortete er: »Aber Ihr habt doch noch einen kleinen Jungen«. Gemeint war Wolfgang Hilbig, der Sohn von Schwester Marianne. Kurt, Kurtchen, starb am 19. November 1942 nach einer Verwundung in Alagir im Kaukasus. Er war gerade 19 Jahre alt.

Rechts: Susanna Konen, geb. Wojtaschek, mit ihrem Mann Michael Konen und Tochter Else in New York

Wolfgang Hilbig hatte eine Urgroßmutter in Amerika, und das kam so: Großmutter Paulina Karolina mütterlicherseits wurde 1886 in Ober Borin, Kreis Pleß, in Schlesien geboren. Ihre Mutter Susanna Wojtaschek zog nach Würchwitz bei Meuselwitz und gab das Baby zu Pflegeeltern, weil sie es wegen ihrer Arbeit bei einer Herrschaft nicht selbst versorgen konnte. Susanna Wojtaschek begleitete ihre Herrschaft auf eine Reise zu deren Verwandten nach Brasilien. Als die Zeit um war, kehrte sie nicht mehr nach Europa zurück, sondern ging nach New York, wo sie einen Michael Konen, gebürtig an der Mosel, heiratete. Tochter Paula sollte nach der Konfirmation nachkommen, erkrankte aber an Kopftyphus und blieb in Deutschland.

Sie wiederum heiratete einen Walter Bethmann und bekam mit ihm zwei Kinder: Gertrud (1908) und Erich (1909). Nachdem Gertrud das Unternehmen Amerika abgesagt hatte, verkündete Bruder Erich: »Dann fahre ich nach Amerika!« Tat es und biss sich in der Fremde durch. Heiratete Ann aus einer europäischen Einwandererfamilie und bekam mit ihr Sohn Eric und Tochter Mildred. In den 1920er Jahren schickte Hilbigs Urgroßmutter eine schwere Überseetruhe mit allerhand Schönem und Nützlichem nach Meuselwitz. Darunter befand sich eine goldene Kette, die Wolfgangs Mutter eigentlich für sich ausersehen hatte. Die Kette nahm jedoch Schwester Gertrud mit und gab sie einem Matrosen als Unterpfand für sein Wiederkommen. Kette und Matrose gingen verloren …

Das Geburtshaus (2. v. li.) von Wolfgang Hilbig in der Rudolf Breitscheid-Straße 19b, Fotografie um 1920, damals hieß sie noch Fasanen-, später Franz Seldte-Straße

Die Starteks und Hilbigs lebten seit 1927 in einer Dienstwohnung in dem großen Bergarbeiterhaus, damals Fasanenstraße, dann Franz Seldte-, später Rudolf Breitscheid-Straße 19b. Als Meuselwitz im Zweiten Weltkrieg bombardiert wurde, liefen die Erwachsenen mit dem kleinen Wolfgang hinaus zur Braunkohlengrube und warteten dort unter der Erde das Ende der Angriffe ab. Denk ich an Meuselwitz im Winter, fällt mir das mühselige Ritual des Feuermachens ein, das Entsorgen der Asche in der Frühe im Hof. Belohnt wurden wir mit einer »Bullenhitze« in der Wohnküche und einer wohligen Wärme am Kachelofen in der winzigen Wohnstube. In der mittleren Stube stand ein gusseisernes Öfchen, das aber nie benutzt wurde. Im hinteren Zimmerchen, das immer eine Schlafstube war, gab es gar keine Heizmöglichkeit. Meuselwitz im Winter, das hieß Kohlenhochtragen aus dem vorderen Keller; im hinteren lagerten die berühmten Flaschen für den Saft aus dem eigenen Garten.

Das Gedicht »die gewichte« ist eines der bekanntesten von Wolfgang Hilbig. Was nicht darin steht: Die Waage mit den gusseisernen Gewichten bekam Großvater Kasimir nach Kriegsende von polnischen Fremdarbeitern und Kriegsgefangenen aus dem Barackenlager hinter den Bahngleisen, unweit der Breitscheid-Straße 19b geschenkt. Damit bedankten sich die Landsleute für Brot, das ihnen der Bergmann und seine Frau trotz Nazi-Verbots zukommen ließen.

Die Großeltern von Wolfgang Hilbig waren einfache, redliche und fleißige, dabei einfallsreiche Leute, die, wenn es darauf ankam, und es kam immer wieder darauf an, das Überleben der Familie sicherten. Man ging selbstverständlich Rüben verziehen und Getreide stoppeln, kochte den Rübensaft ein, malte das Getreide und verwertete alles, was der Garten in der »Fortschritt«-Anlage hinter den Bahngleisen hergab. Außerdem hielt die Großmutter im Hof eine Ziege, die sie vom Balkon bei ihrem Namen »Liese« rief, woraufhin das kluge Tier laut meckernd antwortete. Vor dem Krieg fütterten Starteks im Hof zwei Schweine, liebevoll »Kutscheln« genannt. Noch bis in die 1970/80er Jahre hinein wurden in eben diesem Hof privat Schweine geschlachtet. Von den Fenstern der Wohnküche im ersten Stock aus konnte man das Schauspiel gut beobachten.

Der Hof

Links: Großeltern Paula und Kasimir Startek mit Wolfgang

Wolfgang Hilbig

Rechts: Die Eltern Max und Marianne Hilbig

Wolfgang Hilbig sollte eigentlich Peter heißen. Doch nachdem das Kind nach einer schweren und langwierigen Hausgeburt auf der Welt war, gefiel der Mutter dieser Vorname nicht mehr. Vater Max hatte eine andere Idee: »Wie wäre es mit Wolfgang?« Dieser Vorschlag stieß bei der jungen Mutter auf Gegenliebe, und so wurde aus dem Peter ein Wolfgang, wohl nicht zuletzt mit Blick auf solche Namensträger wie Goethe und Mozart …

Max Hilbig, 1937

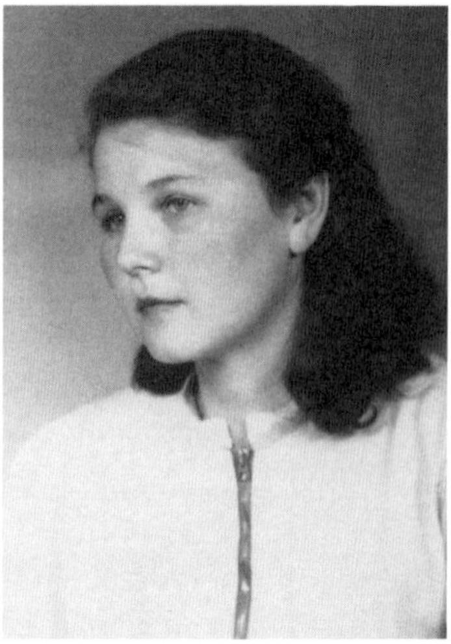

»Nannalein«, 1943

Der Schriftsteller Wolfgang Hilbig hat seinen Vater nicht richtig kennen gelernt. Max Hilbig war bei der Geburt seines einzigen Kindes am 31. August 1941 zweiunddreißig Jahre alt. Kennen gelernt hatte Max Hilbig seine zukünftige Frau Marianne beim Tanz im »Koffer«, einer Gartenkneipe am Sportplatz in Meuselwitz. Die damals Neunzehnjährige saß rauchend am Tisch, als ein SA-Mann sie belehrte: »Ein deutsches Mädchen raucht nicht!« Der zehn Jahre ältere Max Hilbig, selbst passionierter Raucher, ging dazwischen und – später – mit der jungen Frau aus.

1940 waren der Hilfsmonteur und die Verkäuferin miteinander verheiratet. Sofort nach der Hochzeit am 26. Oktober – Marianne musste, weil erst acht Tage später einundzwanzig Jahre alt und damit mündig, noch ihre Eltern um Zustimmung bitten – begann der Ehemann die Kleidung seiner Frau geschickt zu modernisieren. Auch kürzte der von Statur aus stämmige und kleinere Max Hilbig die Absätze der Schuhe seiner Frau.

»Nannalein und Wölfchen«, 1943

Er hatte nicht viel von seinem kleinen Sohn. Oft auswärts arbeitend, so vor seiner Einberufung in Espenhain und im bayrischen Altötting, und später in Hitlers Krieg, schrieb er viele Briefe und Karten an seine »Nannalein und Wölfchen«, in denen er sich nach dem Kleinen erkundigte und Ratschläge für die Erziehung gab. Max Hilbig gab die Hoffnung nie auf, auf Urlaub nach Hause zu seinen Lieben fahren zu können.
1942 war Max Hilbig eingezogen worden. Bevor er vom Ausbildungsort Dux an die Westfront nach Frankreich versetzt wurde, konnte er seine Frau noch für einen Tag und eine Nacht in Leipzig treffen. Es sollte das einzige Wiedersehen bleiben. Von Leipzig aus ging es ins nordfranzösische Gravelines, von dort nach Wormhout und Fauquembergues, wo Hilbig bei einem Schneider arbeitete. Seinen Briefen nach Meuselwitz nach zu urteilen, ging es ihm in Frankreich wie den meisten deutschen Soldaten in den ersten Jahren der Besetzung des Landes sehr gut; er konnte Parfüm, Strümpfe, Schnürsenkel, Briefumschläge und andere in Deutschland knappe Dinge nach Hause schicken. Für seinen Sohn, den »Pipel«, legte er Bilderbücher und Schwimmtiere in die Päckchen und wollte ihm sogar eine Puppe aus Frankreich mitbringen. Am 30. November 1942 schrieb er aus dem Westen:
»... Heute gab es bei uns Wellfleisch und Sauerkraut, da habe ich wieder eine ganz schöne Portion gegessen. Schade, daß Du nicht mitessen konntest. Heute Nachmittag habe ich Plätzchen gegessen, bei den Leuten, wo ich schneidere. Die waren auch prima. Sie laden mich bald jeden Tag zum Kaffee ein, am Nachmittag. Da hat auch heute noch eine andere Frau mit Kaffee getrunken, und da mußte ich wieder die Bilder von unserem Mätzchen zeigen, da haben sie sich tüchtig gefreut darüber, weil es so dick ist. Das gibt immer Spaß. Die 2 Bilder, wo er im Garten fotografiert ist, wo es sich auf die Hände stützt und wo es sitzt, die sind auch prima ...«

»Nannalein und Wölfchen«, 1943

Es sollte nicht immer so gut weiter gehen. Am 4. Dezember 1942 ging es für Wolfgang Hilbigs Vater Richtung Osten, durch Deutschland hindurch an die Ostfront, genauer gesagt nach Kamensk am Don. Leider fuhr Hilbig südlich von Dresden gen Osten, so dass die Eheleute beschlossen, dass es für ein erneutes Wiedersehen zu umständlich und aufwändig werden würde. Hätten sie es doch getan! Seit dem 14. Januar 1943 galt der Gefreite Hilbig aus Meuselwitz nach einem russischen Angriff als vermisst. Laut dem Brief eines gewissen Oberleutnant Pelzer vom 8. März 1943 an Marianne Hilbig war der Kraftfahrzeugschlosser mit seinen rückwärtigen Diensten zwölf Kilometer von der Kampftruppe entfernt, als ein Panzervorstoß der Roten Armee sie gewaltsam trennte. Sofort eingesetzte Spähtrupps hätten leider nichts über das Schicksal des Gefreiten Hilbig und seiner zehn Kameraden in Erfahrung bringen können.

Im Mai 1943 gab Marianne Hilbig beim Deutschen Roten Kreuz, Kreisstelle Altenburg, eine Suchanzeige auf. Ohne Ergebnis. Mysteriös wirkt in diesem Zusammenhang die Tatsache, dass sich im Nachlass von Hilbigs Mutter unter den vielen sorgsam bewahrten Briefen von der Front auch einer befindet, der auf den 2. Februar 1943 datiert ist. Da muss sich Max Hilbig verschrieben haben, denn am 4. Januar kommt er auf einen

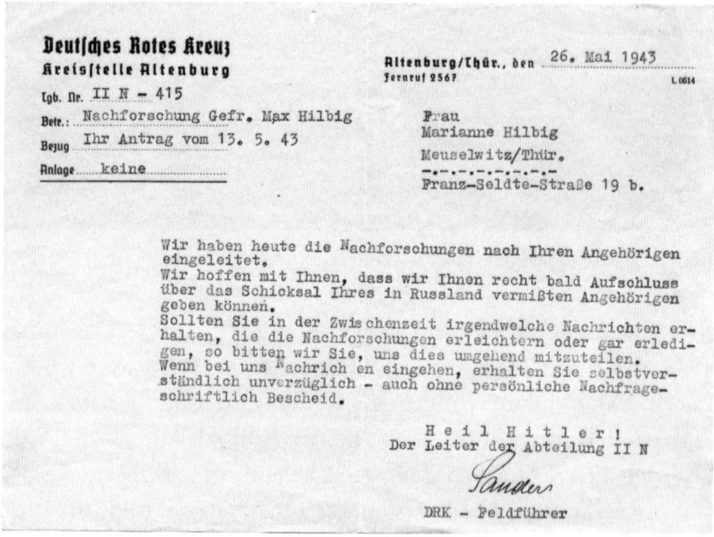

Deutsches Rotes Kreuz
Kreisstelle Altenburg

Altenburg/Thür., den 26. Mai 1943
Fernruf 2567

L 0614

Tgb. Nr. II N - 415
Betr.: Nachforschung Gefr. Max Hilbig
Bezug Ihr Antrag vom 13. 5. 43
Anlage keine

Frau
Marianne Hilbig
Meuselwitz/Thür.
-.-.-.-.-.-.-
Franz-Seldte-Straße 19 b.

Wir haben heute die Nachforschungen nach Ihren Angehörigen eingeleitet.
Wir hoffen mit Ihnen, dass wir Ihnen recht bald Aufschluss über das Schicksal Ihres in Russland vermißten Angehörigen geben können.
Sollten Sie in der Zwischenzeit irgendwelche Nachrichten erhalten, die die Nachforschungen erleichtern oder gar erledigen, so bitten wir Sie, uns dies umgehend mitzuteilen.
Wenn bei uns Nachrich en eingehen, erhalten Sie selbstverständlich unverzüglich - auch ohne persönliche Nachfrage- schriftlich Bescheid.

Heil Hitler!
Der Leiter der Abteilung II N
Sander
DRK - Feldführer

»Wölfchen« mit Großvater Kasimir Startek im Hof, 1943

Brief vom 2. Januar zurück, den er einem Kameraden mitgab, der ihn in Deutschland in den Postkasten werfen sollte. Wolfgang Hilbig wuchs fortan bei der Mutter und der Großmutter mütterlicherseits Paulina, Paula, und dem Großvater Kasimir in deren kleiner Wohnung in der Franz-Seldte-Straße, der späteren Breitscheid-Straße 19b auf. Das Thema Krieg und

Max Hilbig als Soldat

Vernichtung und konkret das Schicksal des nicht bewusst erlebten und all zu früh verlorenen Vaters ließen ihn zeit seines Lebens nicht los. Die Basis für ein geplantes Projekt sollten die Briefe des Vaters sein. Leider konnte er sein Vorhaben nicht mehr verwirklichen.
Bis zum Schluss hat Max Hilbig auf ein Wiedersehen mit der Familie gehofft. Je länger sich der Urlaub verzögerte, desto mehr sehnte er sich nach Meuselwitz.

Hier Auszüge aus seinen Briefen:
»Im Westen, 2. Dezember 1942 … denn wir werden in den nächsten Tagen wegkommen, wann, weiß ich noch nicht, aber wenn wir das französische Geld morgen schon abliefern müssen, dann dauert es höchstens noch 2-3 Tage. Hoffentlich bekommen wir nochmal Urlaub, wenn wir durch Deutschland kommen. Aber das ist auch sehr unbestimmt. Ich glaube noch nicht daran … Aber ich denke auch, daß der Urlaub von Rußland aus gleich weiter geht, dann käme ich ja auch im Januar …«
Und weiter:
»Aber ob ich morgen nochmal zum Schreiben komme, das weiß ich auch noch nicht, denn am letzten Tag, da gibt es immer viel Drasch. Es ist nun schade, daß ich nicht zu Hause sein kann, wenn die Hertel, der Hans und auch Häslein da sind, aber leider, wenn ich von der Fahrt nicht weg kann, dann wird es wohl noch eine Weile dauern, vielleicht Januar, das muß ich erst mal sehen … Den Anderen geht es ja noch schlechter wie mir. Da sind welche 1 ½ Jahr nicht auf Urlaub gewesen … Heute habe ich mir auch schon einen Tag Sonderurlaub gut gemacht für Rußland. Ich arbeite ja auch alles für die Oberleutnants, und auch für unseren Major, das ist das höchste bei uns, vom Major habe ich letztens auch einen Hasen geschenkt bekommen, da hatte ich ihm aus einer Skihose eine Stiefelhose gemacht. Für unseren Oberleutnant habe ich heute eine Pelzweste und eine

Hose geändert, und da sagte er: ›Also, Hilbig, als Lohn 1 Tag Urlaub, aber natürlich von Rußland aus.‹ Von Rußland gibt es sowieso 3 Wochen Urlaub. Vielleicht kommen noch mehr Tage dazu. Ich habe bei den ganzen hohen Herren einen guten Ruf. Die kommen alle zu mir, trotzdem noch 2 Schneider da sind …«

Am 17. Dezember war Max Hilbig immer noch unterwegs an die Ostfront. Mit dem versprochenen Sonderurlaub wurde es leider nichts, überhaupt mit Urlaub nicht. Drei Wochen später, am 28. Dezember 1942, sehnte sich Max Hilbig wieder nach seinen Lieben:
»… Hoffentlich geht der Urlaub bald weiter, damit ich wenigstens mal wieder nach Hause kann. Ich glaube, ich werde mich wie im Himmel freuen. Ich kann mir gar nicht mehr vorstellen, wie es zu Hause ist. Jetzt denke ich eben auch daran, daß ich heute genau ein halbes Jahr von zu Hause weg bin. Aber es kommt mir schon wie eine Ewigkeit vor. Meine liebe Nannalein, Du wirst ja nun auch schon lange auf Post von mir gewartet haben, und ich muß auch noch warten. Die beiden Päckchen gebe ich verloren, denn sie sind ja jetzt bald einen Monat unterwegs. Ich habe auf der Fahrt [wahrscheinlich war es eine Postsammelstelle, Anm. M.F.] Feldpostsäcke gesehen. Also das war unglaublich. Ich sage Dir, wenn man die Berge nach Meuselwitz auf den Markt schafft, dann wird der ganze Markt ausgefüllt bis in die Dachfenster. Und da sagt man sich, wann soll das mal bewältigt werden, die ungeheuren Mengen Postsachen an die Empfänger zu bringen. Ich bin erst kurze Zeit hier, aber was ich hier schon zu sehen bekommen habe, das kann man nicht schreiben, das muß ich Dir alles selbst erzählen, wenn ich komme. Es ist nur ein Jammer, daß ich keinen Fotoapparat habe, denn das ist einmalig. Solche Bilder bekommt man nie wieder …«

Seinen letzten Brief schrieb Max Hilbig am 11. Januar 1943 nach Hause:
»Meine liebe gute Nannalein und Wölfchen, gestern und vorgestern habe ich endlich mal einige Briefe und 1 Päckchen von Dir erhalten. Also die Freude war groß und ich danke Dir auch recht schön und vielmals dafür. Leider war auch die traurige Nachricht dabei, daß Kurt gefallen ist. Hat es also den armen Kerl erwischt. Aber liebe Nannalein, so bedauerlich wie das ist, es kommen ja so viele um ihr junges Leben, damit muß man sich immer trösten. Er ist wenigstens noch den Heldentod gestorben, also wenn Du wüßtest, wie manche hier grausam ums Leben kommen, dann würden Dir manchmal die Haare zu Berge stehen. Er ist wenigstens noch im Lazarett gestorben und er wird nicht viel davon gemerkt haben, aber wenn hier welche als Leichtverwundete, die nicht mehr richtig laufen können, dem Feind, also den Partisanen in die Hände fallen, und grausam verstümmelt werden, dann ist es ja noch schrecklicher für die Angehörigen … Also, liebe Nannalein, nun nochmals besonders lieben Dank für das Päckchen. Es war noch ganz einwandfrei erhalten und nicht ein einziger Krümel drin. Der Kuchen hat wunderbar geschmeckt, er war so mürbe, daß er sozusagen auf der Zunge zerlief … Also, ich hatte schon gedacht, das Päckchen ist bestimmt voll Krümel, aber es war gerade das Gegenteil, nicht ein einziges Stück war zerbrochen. Da habe ich mich tatsächlich gewundert …«

Nachtrag:
Apropos Gebäck. Vor mir liegt ein Stück Papier mit Marianne Hilbigs Handschrift. Sie schrieb an die Ostfront:
»Meuselwitz, am 10. Februar 43. Mein lieber guter Max! Hier sende ich Dir paar Plätzchen, laß sie Dir nur recht gut schmecken. Ich bin gespannt, wann sie wohl bei Dir ankommen werden. Alles Gute + viele Küsse Deine Marianne«.

Wie absurd diese Zeilen heute klingen! Die Plätzchen kamen nie bei Max Hilbig an. Als seine dreiundzwanzigjährige Frau das Gebäck abschickte, war ihr Mann dreiunddreißig Jahre alt, ein halbes Jahr im Krieg und schon fast einen Monat lang vermisst. Er sollte seine Nannalein und das Wölfchen nie wiedersehen. Was bleibt, ist die spannende Frage, wie wohl das Leben der Familie weiter verlaufen wäre, wenn der Familienvater aus dem Krieg heimgekehrt wäre und vor allem – mit Blick auf die schriftstellerische Laufbahn von Wolfgang Hilbig –, wie der praktisch veranlagte Vater auf die Begabung des Sohnes reagiert hätte. Umgekehrt musste das einzige Kind der Eheleute ein Leben lang mit dem Verlust des Vaters klar kommen und, damit nicht genug, auch mit der Tatsache leben, dass der Vater »nur« vermisst wurde, also keine Todesanzeige in der Zeitung geschweige denn ein Grab in der Fremde ihm je Gewissheit verschaffen konnten.

Das Braunkohletagewerk »Fortschritt« bot Zuflucht während der Bombenangriffe, um 1950

Der kleine Wolfgang wurde von seiner Mutter »Wölfchen« genannt. Als das »Wölfchen« in den Kindergarten kam, protestierte es heftig: »Mutti, ich bin kein Wölfchen mehr, ich heiße Wolfgang!«

Mutter und Sohn, 1944

Rechts: Wolfgang Hilbig mit seinem Freund Rolf Schumann

Wolfgang Hilbig wuchs relativ frei auf. Seine Mutter stand allein da und musste arbeiten gehen, zuerst als Verkäuferin, dann in einem Lohnbüro. Zu Hause kümmerten sich in ihrer Abwesenheit die Großeltern Paula und Kasimir um den

Jungen. Den zog es früh hinaus ins Freie, zum »Dreckern« an den Rinnstein der Straßen, wie sich die Mutter erinnerte, aber auch in die Ruinen im Wohnviertel sowie in die Parks und ins nahe Auholz, wo er mit Altersgenossen spielte und stundenlang allein im Wald seinen Phantasien nachhing. Statt zu Hause auf die Heimkehr der Mutter zu warten, holte er sie einmal im Dunkeln in Bünauroda bei Meuselwitz von der Arbeit ab. Weder in den Kindergarten noch in die Volksschule um die Ecke in der Pestalozzistraße ging das »Wölfchen« gern. Beide Einrichtungen wurden im Bauhaus-Stil errichtet und sind noch heute dort aktiv. Nach dem ersten Schultag soll der kleine Wolfgang zu seiner Mutter gesagt haben: »Mutti, da gefällt es mir nicht, da will ich nicht mehr hingehen.«
Nach acht Schuljahren erlernte Wolfgang Hilbig ab 1956 drei Jahre lang in der Meuselwitzer Maschinenfabrik »John Schehr« den Beruf des Bohrwerkdrehers.

Erich-Mäder-Schule, 1948. 1929 als Knabenschule eingeweiht

Erinnerung Rolf Schumann: »Sommer 1955 im Leipziger Zoo. Wir waren mit den Fahrädern nach Leipzig gefahren. Das Bild unten ist zu Wolfgangs Konfirmation entstanden, 1956. Gefeiert wurde nicht groß. Also gingen Wolfgang in seinem guten Anzug und wir in Räuberzivil in unser Stromergebiet; das Auholz am Rande von Meuselwitz.«

Alle Welt fragt sich verwundert, woher der Schriftsteller Wolfgang Hilbig sein großes Wissen über Weltliteratur, die französischen Poeten, die englischen und amerikanischen hatte. Er hatte es aus Büchern, von denen manch westdeutscher Bürger nicht wahrhaben wollte bzw. nicht wahrhaben will, dass es sie in der DDR gab. Wer diese Literatur unbedingt haben wollte, konnte sie bekommen. Und Wolfgang Hilbig wollte sie, die Bände aus Verlagen wie Volk und Welt, Aufbau, Insel und Reclam. Außer in der Volksbuchhandlung von Meuselwitz oder bei Schnuphase in Altenburg fand er sie vor allem bei einem Mann in seiner Heimatstadt: Günter Fiedler. Wolfgang Hilbig war vermutlich einer seiner besten Kunden. Buchhändler Fiedler brachte dem Stammkunden das Bestellte sogar in dessen Wohnung. Ich selbst bin seinerzeit oft mit dem Freund in den kleinen Laden in der Bahnhofstraße gegangen,

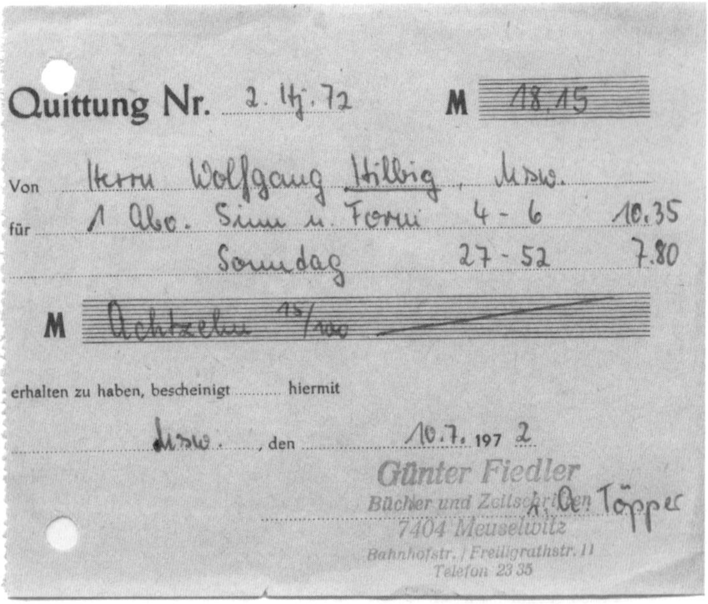
Quittung Nr. 2. Hj. 72 M 18,15

Von Herrn Wolfgang Hilbig, Msw.

für 1 Abo. Sinn u. Form 4-6 10.35

Sonntag 27-52 7.80

M Achtzehn 15/100

erhalten zu haben, bescheinigt hiermit

Msw., den 10.7.1972

Günter Fiedler
Bücher und Zeitschriften
7404 Meuselwitz
Bahnhofstr. / Freiligrathstr. 11
Telefon 23 35

i. A. Töpper

Bahnhofstraße in Meuselwitz, um 1900

der mit Buchstapeln voll belegt war, hinter denen Herr Fiedler leise hervortrat und den Kunden respektvoll begrüßte. Ahnte, wusste er, was in diesem jungen Mann steckte, der regelmäßig die »Rosinen« des Volksbuchhandels der DDR zu besitzen begehrte? Solche Bücher wurden damals unter dem Ladentisch gehandelt, wie übrigens Schweinefilet, Letscho aus Ungarn oder Zitronensaft aus Griechenland. Es gab einfach zu wenig davon, und nicht nur von Büchern, auch von Zeitschriften wie »Wochenpost«, »Filmspiegel« und »Magazin«. Nie werde ich vergessen, wie Günter Fiedler seine Ware behandelte, sorgfältig die druckfrischen Ausgaben durchblätterte, damit ja kein schadhaftes Exemplar sein Geschäft verließ. Alte Schule, würde man heute sagen. Den Laden in der Bahnhofstraße gibt es nicht mehr, doch erinnere ich mich immer noch gern an jenes Kleinod guten Geschmacks. Danke, Günter Fiedler, dass es Sie gab! Was wäre ein Wolfgang Hilbig ohne Sie geworden?

»(...) Du wirst Dich fragen, was ich hier mit der ganzen lieben Zeit anfange; leider nicht viel! Ich weiß, das klingt etwas konsternierend, aber es ist nun einmal hier nicht anders möglich. Leider hat es wenig Sinn, wenn meine Mutter versuchte, den Proust hier abzugeben, denn wir dürfen hier keine eigenen Bücher haben. Bücher sind dessen ungeachtet das Einzige, mit dem ich mich hier beschäftigen kann (abgesehen vom stunden langen Skatspielen, das, wie ich Dir im letzten Brief schon schrieb, ich hier gelernt habe – aber, wenn ich wieder frei bin, werde ich bestimmt kein Skatspieler werden, dann gibt es andere Aufgaben). Zur Zeit habe ich mir aus der Bücherei zwei Bücher mit wissenschaftlich-phantastischen Erzählungen entliehen, die sich gut lesen, und die geeignet sind, einen von diesem Alltag hier abzulenken. – Eigenartig, denn früher habe ich nie Bücher zu meiner Ablenkung gelesen, sondern eher aus ›Berufsgründen‹. Aber diese Bücher lesen sich wirklich nicht schlecht und man ist erstaunt, was diese Leute sich einfallen lassen. Das eine davon, ›Begegnung im Licht‹ (Verlag Neues Leben, Basar-Reihe, also eher ein Jugendbuch) ist eine Sammlung von utopischen Erzählungen jüngerer DDR-Autoren, etwa Jahrgang 1945-50, und meist ›Amateure‹, wie ich den biografischen Anmerkungen zu entnehmen glaube. Außer einer Geschichte (und ausgerechnet deren Autor hat ein Studium am Literaturinstitut abgeschlossen) sind diese Geschichten wirklich hübsch und einfallsreich, teilweise überraschend pointiert (obwohl ich ja, wie Du weißt, etwas gegen Pointen habe; ein Affront gegen meinen eigenen Hang dazu), kurz, es sind nette Magazinstories, doch uns fällt auf: der unübersehbare Einfluß von Science Fiction, der einschlägigen amerikanischen Literatur. Ich habe die Vergleichsmöglichkeit hier, denn in dem anderen Buch, das ich hier habe, stehen zum Teil amerikanische Geschichten, und nicht mal die besten, wie ich es empfinde. Also da fehlt doch irgendwas! Wieso schreiben ausgerechnet die utopischen Autoren der DDR so, als wäre die zukünftige Weltraumfahrt eine spezifisch anglo-amerikanische Angelegenheit, oder als stünde die Welt des Jahres 2000 unter USA-Herrschaft; oder kommt damit zum Ausdruck, daß der Amerikanismus der Zukunft so weit fortgeschritten sein wird, daß es dann auch im Sozialismus nur noch Namen wie Terry, Bob oder Melvin geben wird.

Mein Liebling, daß Du während meiner Abwesenheit meine Abonnements übernehmen willst, geht natürlich vollkommen in Ordnung. Warst Du denn schon mal bei Fiedler? Ich bin ja gespannt, was der zu meiner Verhaftung sagen wird! Um Gottes Willen, vor diesem Gespräch graut mir schon jetzt. Mein Liebling, mir fällt im Augenblick nichts ein, was an Büchern für 1978 für uns unbedingt zu beschaffen wäre, aber zwei Dinge dürfen nicht vergessen werden: Die 2-bändige Ausgabe der Erzählungen von Robert Walser, und die beiden Romane von André Gide, beide sollen bei Volk und Welt erscheinen. Kannst Du bitte auf diese beiden Sachen achten! Wenn nötig kannst Du sie auch bei Fiedler für mich bestellen. Ich bin ja in diesem Jahr noch nicht dazu gekommen, meine Bestellung fertig zu machen. (...)«

[Auszug aus Brief an M.F., 14. Juni 1978; Transkription]

* Zum Gefängnisaufenthalt s.S. 59f.

Ich kann es nicht mehr hören: Wolfgang Hilbig, der Boxer-Dichter. Wahr ist, dass er in seiner Jugend sehr sportlich war, erst turnte, dann boxte und in der NVA [der Nationalen Volks-

Wolfgang Hilbig als Turner (links) und Boxer

armee, Anm. M.F.] Ski lief. In biographischen Rückblicken wird das Image des Turners und vor allem des Boxers bemüht. Richtig ist, dass sein Startbuch ganze siebzehn Kämpfe ausgewiesen haben soll. Hilbig, der immer defensiv, technisch boxte, hörte damit sofort auf, als ein Boxkamerad an den Folgen von Verletzungen starb, die wahrscheinlich nicht rechtzeitig erkannt worden waren. Soviel zur Mär vom »Boxer-Dichter«.

Denk ich an die Sonntage bei Hilbigs in Meuselwitz, so fällt mir sofort die Wickelniere ein, ein Sonntagsbraten aus Kaninchenfleisch samt Nierchen, eingerollt in Schweinefleisch, auf dass der Braten auch große Familien satt mache. Man brachte die geschlachteten Kaninchen zum Fleischer und ließ dort den Braten herstellen. Starteks und Hilbigs gingen zu Fleischer Pfauter an der Ecke. Die Wickelniere wurde zusammen mit selbst zubereitetem Selleriesalat und von Hand gemachten rohen Thüringer Klößen gegessen und erschien mir jedes Mal als ein besonderes Festessen. Noch heute gibt es in der Meuselwitzer Region zu Mittag Wickelniere.

Rechts: Marktplatz von Meuselwitz. Im Hintergrund das Rathaus, um 1970

Wolfgang Hilbig konnte einen schon auf die Palme bringen. Schnelle Aufbrüche waren seine Sache nicht. Ob es der Weg zur Arbeit, zum Bus oder Zug war, Hilbig ging stets in letzter Minute los. Er konnte sich einfach nicht von zu Hause loseisen. Stieg in letzter Minute nach vielen Weckversuchen endlich aus dem »Nest«, wie in Meuselwitz das Bett heißt, saß bis zum letzten Moment am Küchentisch, um in aller Seelenruhe seinen Kaffee zu trinken und sich die nächste Zigarette anzuzünden, eine »Zigrette« wohlgemerkt. Instinktiv fühlte er dann die Gefahr, zu spät zu kommen, nahm alle Entschlusskraft zusammen und stürzte aus dem Haus.

Wolfgang Hilbig, ein Dichter im berühmten Elfenbeinturm? Weit gefehlt. In den 1970er Jahren, als an einen freien Schriftsteller Wolfgang Hilbig noch nicht einmal im Traum zu denken war, war der Hilbig, wie ich ihn damals gut kannte, mehr in das reale Leben seiner Mitmenschen eingebunden, als ihm lieb war. Als Heizer in der »MAFA« (der Maschinenfabrik) angestellt, musste er in Früh-, Mittel- und Nachtschicht oft zwölf Stunden hintereinander in den verschiedenen Fabrikbereichen schwer schuften, die Kohle mit der Schaufel in die Öfen befördern und das Feuer bis zur nächsten Schicht halten. Das ging so, bis er sich in einem Lehrgang zum Kesselwärter qualifiziert hatte und die Anlagen für den Ferndampf überwachte. Das regelmäßige Ablesen der Messinstrumente wiederum barg die Notwendigkeit, sich rechtzeitig von der Lektüre oder den Notizen loszureißen. Außerdem störte ihn der Lärm des Dampfes in den Leitungen beim Lesen und Schreiben. Dabei schrieb Hilbig sehr schwer, fertigte immer wieder neue Fassungen von seinen Gedichten und Erzählungen an. Einmal (1972) sprach er sogar davon, dass seine literarische Krise einen

seltenen Höhepunkt erreicht habe und er wie ein geschlagener Feldherr mit einem Gefühl zynischer Befriedigung über dem Trümmerhaufen seines »Werks« throne.
Die äußeren Umstände waren alles andere als günstig, denn, nach der Schicht zu Hause angekommen, begann der Kampf gegen die Müdigkeit. Aus dieser Zeit rührt auch Hilbigs Vorliebe für viel starken Tee – er liebte losen Orange Pekoe, Earl Grey und Assam aus Polen sehr – und Kaffee. Nur so war es dem Dichter einigermaßen möglich, sich auf seine Bücher und Manuskripte zu konzentrieren. Und als ob das noch nicht genug gewesen wäre, lockte noch das Fernsehen mit seiner Berichterstattung von Sportereignissen wie Fußball und Boxen. Das allerschlimmste und allerlästigste jedoch waren die vielen unangemeldeten Besuche von Kumpels zu den denkbar ungünstigsten Zeiten. Ich höre noch das Geräusch der Klingel an der Wohnungstür, einer Klingel, die gedreht und nicht gedrückt wurde und die die Freunde betätigten, und damit Wolfgang so lange beim Nach-

Die stillgelegte »MAFA«, um 2000

denken, Formulieren und Lesen störten, bis er vom Schreib- oder Küchentisch aufsprang, um schlussendlich doch wieder mit in die Kneipe zu gehen, »auf ein Stündchen«, aus dem eine ganze lange Nacht wurde, wie so oft. Denn: Auch wenn die meisten es nicht mit dem Schreiben hatten, für Literatur interessierten sie sich alle und nahmen auf ihre Art Anteil an Kaschis eigentlicher Arbeit.

Sommer 1969 in Mecklenburg. Am 31. August feiert der Abräumer Wolfgang Hilbig in der HO-Ausflugsgaststätte »Nonnenhof« am südlichen Ende des Tollensesees seinen 28. Geburtstag. Von seinen neuen Freunden, dem Pächterehepaar Gustke, den Verkäuferinnen und Küchenhilfen bekommt er einen Spankorb voller Lebensmittel und ein buntes Hawaiihemd, wie es damals Mode ist.

Links: Erinnerung Rolf Schumann: »Wolfgang Hilbig 1966 beim Parkfest in Meuselwitz. Wolfgang hatte eine Runde Bier spendiert. Links im Bild ist Reiner Heil zu sehen. Reiner und Wolfgang arbeiteten zusammen in Leuna in einer Instandhaltungsbrigade, untergebracht waren sie im Arbeiterwohnheim in Bad Dürrenberg. Wolfgang machte die Nacht zum Tage, kochte sich eine große Kanne Tee und schrieb bis zum Morgengrauen. Am Morgen kam er dann nicht aus den Federn und zu spät zur Arbeit, deshalb bekam er Probleme mit dem Brigadier. Er wurde dann als Heizer eingesetzt, wo er, wenn der Kessel beschickt war, seine schriftstellerischen Begabungen ausleben konnte.«

Im Sommer 2008 führte mich mein Weg nach neununddreißig Jahren wieder an den Ort im Mecklenburgischen, wo ich Wolfgang Hilbig, einen der wortmächtigsten deutschen Dichter der Gegenwart, kennen lernte: Nach Nonnenhof am Tollensesee. Dort, im Garten unter der riesigen Kastanie vor der einstigen HO-Naherholungsgaststätte »Nonnenhof« versammelte sich 1969 und in den Folgejahren ein Stamm von Menschen beim Bier: Hartmut Boek, Poet und Theaterdichter, Naturfreund und Hobby-Archäologe, außerdem Naturschützer, dann Leute von der nahen Landwirtschaftsschule im »Tollenseheim«, Jugendliche aus der Arbeitsgemeinschaft Junge Archäologen am Regionalmuseum und – Wolfgang Hilbig,

HO-Naherholungsgaststätte »Nonnenhof«, um 1960

angehender Schriftsteller aus Meuselwitz bei Leipzig. Den damals Achtundzwanzigjährigen hatte es mit Gert Neumann, Sohn der Schriftstellerin Margarete Neumann, in dessen Heimat nach Neubrandenburg gezogen. Zunächst lebte Hilbig bei Hartmut Boek, dem vier Jahre älteren ebenfalls schreibenden Angestellten am Haus der Kultur und Bildung. Hilbig half Boek beim Bau eines Segelbootes, Boek besorgte ihm dann eine Stelle als Abräumer im »Nonnenhof«. Dorthin gelangte man entweder mit einem Ausflugsdampfer, quasi ans andere Ende des Wassers, wie Hilbig einmal schrieb, oder mit dem Bus über die Fernverkehrsstraße.

Abräumer, das war, wie sich herausstellen sollte, ein Knochenjob. Zu jener Zeit besuchten bis zu achthundert Menschen täglich den »Nonnenhof«. Abends zog sich der junge Sachse oft in die »Jägerstube« zurück, um zu lesen und zu schreiben.

Hilbig hatte eine Menge Bücher und Notizhefte bei sich. Er arbeitete damals an einem Prosastück, das er in Anlehnung an Novalis »Die blaue Blume« nannte. Nach der Bergarbeiterstadt Meuselwitz fand Hilbig in Nonnenhof eine ganz andere Welt mit viel ursprünglicher Natur vor. Noch beeindruckender und prägender sollte für ihn die Fischerinsel gegenüber dem »Nonnenhof« sein.

Margret Franzlik als Abiturientin 1969, links

Ich war damals neunzehn Jahre alt, hatte gerade das Abitur an der Erweiterten Oberschule »Friedrich Engels« in Neubrandenburg gemacht und freute mich auf ein Volontariat bei der Zeitung »Freie Erde« in Neustrelitz, dem Vorläufer des heutigen »Nordkurier«. Anschließend würde ich – falls man mich delegieren würde – an der Karl-Marx-Universität Leipzig Journalistik studieren. Vorerst aber wartete auf mich ein Feriensommer. Den verbrachte ich als Küchenhilfe im »Nonnenhof«. Wie Hilbig und die anderen Kollegen übernachtete ich in einer der kleinen Hütten hinter der Gaststätte. Das waren 2,5 mal 3,5 Meter große, grün gestrichene und leicht gebaute Häuschen ohne jeglichen Komfort. Diese Bungalows sind längst verschwunden, mannshohes Gras und Unkraut überwuchern das Gelände. Wolfgang Hilbig hat die grünen Bretterbuden in seinem Prosatext »Bungalows« im wahrsten Sinne des Wortes aufgehoben. Die Natur hat über die Jahrzehnte ganze Arbeit geleistet, als wollte sie uns zu verstehen geben, dass es ein für allemal aus und vorbei sei mit den alten Geschichten. Dass Gras über die Vergangenheit wachsen solle. Vorbei die Zeit der Bungalows, der Stoni-Partys [Stonsdorfer, ein Kräuterlikör, Anm. M.F.] nach getaner Arbeit, der Betriebsfeiern und der damit oft ver-

Im Garten Nonnenhof

bundenen Mondscheinfahrten mit dem Ausflugsdampfer von »Nonnenhof« aus auf dem See. Doch mag das Unkraut auch noch so hoch wuchern, die Natur dem alten »Nonnenhof« den Todesstoß versetzen und das Haus endgültig in sich zusammen fallen oder abgerissen werden, das Bild von damals kann in uns nicht ausgelöscht werden. Wolfgang Hilbig, da bin ich sicher, würde es auch heute in Nonnenhof gefallen, trotz oder gerade wegen all der Morbidität dort. War er doch der Dichter, der in seinen Werken immer wieder den Verfall beschrieb, abstoßend und faszinierend zugleich. Und in jedem Falle so wortgewaltig, dass wir Leser staunend vor seiner Prosa stehen. Wolfgang Hilbig hat Neubrandenburg und Nonnenhof (Nonnenhoff, wie die Alteingesessenen sagen) nach 1969 noch öfter wiedergesehen. Zuletzt las er am 28. Mai 1993 in Neubrandenburg aus seinem Erzählungsband »Grünes grünes Grab«. Ich möchte gern glauben, dass ihn seine letzte Fahrt 2007 von der Ostsee zurück nach Berlin noch einmal über Neubrandenburg am Tollensesee entlang geführt hat.

Rechts: Fischerinsel im Tollensesee, 2008

Ende der 1970er Jahre übernachte ich mit Wolfgang Hilbig beim Freund Hartmut Boek auf der Fischerinsel im Tollensesee. Wir schlafen auf einer eisernen Bettstelle im Obergeschoss des 1729 erbauten und äußerst spärlich eingerichteten Hauses, welches ursprünglich Fischern als Domizil diente. Kaum jemals sind wir beide vorher der Natur so nahe gekommen. An die Scheiben des einzigen Fensters schlagen nachts die Zweige eines mächtigen Baumes, vom Bett aus lauschen wir den Inselgeräuschen. Unsere Gedanken gehen eintausend Jahre zurück, als sich an dieser Stelle vielleicht das Heiligtum der Slawen befand: Der Tempel Rethra.

Wolfgang Hilbig lebte in den 1970er Jahren auch beim Ehepaar Sturm in der Nonnenmühle bei Usadel. Diese liegt unweit der Bundesstraße 96 zwischen Berlin und Neubrandenburg. Vom einstigen Motel aus hat man einen sensationellen Blick auf die Lieps, ein geschütztes Anhängsel des langgestreckten Tollensesees und durch einen idyllischen Kanal mit diesem verbunden. Unvergesslich das Gefühl, wenn vom Bus aus durch das grüne Blätterdach das rote der Mühle schimmerte. Ich habe den Freund in seinem Zimmer hoch oben in der Mühle besucht. Durch das offene Fenster drang das Murmeln des Wassers.
Hilbig hat die Nonnenmühle zu seinem Gedicht »windmühlen wassermühlen« inspiriert.

Als hätte ich es geahnt, dass meine Fahrt im Mai 1978 zum Freund nach Meuselwitz unter keinem guten Stern stehen würde. Etwas in mir sträubte sich dagegen. Als ich oben in der Breitscheid-Straße 19b ankam, war der Freund schon nicht mehr da. Polizei und Stasi [Staatssicherheit, Anm. M.F.] hatten ihn mit der Begründung, er hätte nach einem Kneipenbesuch eine DDR-Fahne angezündet, vom Schreibtisch weg verhaftet. Hilbig wurde am helllichten Tage, vor aller Augen, abtransportiert. Ironie des Schicksals: Es war der 10. Mai, der Tag des freien Buches in der DDR. Wie sich später herausstellen sollte, konnte Hilbig die Fahne gar nicht angezündet haben, da er keine Streichhölzer bei sich hatte. Man nahm dies als Vorwand, um seinen Schreibtisch nach Westkontakten und Westgeld zu durchsuchen.
Ich trampte am nächsten Tag mit Hilbigs Freund Schrips nach Leipzig, den Entführten zu suchen, jedoch ohne Erfolg. Wolfgang Hilbig saß bis zum 3. Juli 1978 in der Alfred-Kästner-Straße in

Leipzig in Untersuchungshaft. Anklage wurde nicht erhoben. Mit der Entschädigung für entgangenen Lohn zahlte er später eine Strafe von zweitausend Mark für die Veröffentlichung seines ersten Buches im Westen. Einer der Briefe aus der U-Haft an mich ist vom 14. Juni 1978 datiert und beginnt so:
»Meine allerliebste Margret, mir ist in dieser Woche ein zusätzlicher Brief genehmigt worden: Es gibt nämlich Unklarheiten wegen der Sprecherlaubnis für meine Mutter. Du sollst angefragt haben, ob diese Sprecherlaubnis am 21.6.78, um 10 Uhr, auch für Dich gilt, oder etwas Ähnliches. Nein! Diese Sprecherlaubnis gilt nur für meine Mutter. Du könntest vielleicht eine solche Sprecherlaubnis für Monat Juli 78 bekommen. Du mußt jetzt bitte s c h n e l l, per Eilpost, antworten, ob Dir der Schein für die Sprecherlaubnis zugegangen ist oder meiner Mutter, damit hier alle Unklarheiten beseitigt werden, und die Sache nicht etwa ins Wasser fällt …« Wie wichtig Post für Hilbig in dieser Ausnahmesituation war, zeigen folgende Zeilen im selben Brief weiter unten: »… ich habe mich, glaube ich, noch gar nicht für Deinen großartigen Brief bedankt. Hilfe! Ich hole es sofort nach, mein Liebling! Dein Brief war das Größte für mich, und er hat mich hier psychisch von allem gerettet!«

Im Frühjahr 1980 – ich ging mit unserer Tochter schwanger – besuchten Hilbig und ich Franz Fühmann in seinem kleinen Transformatorenhäuschen in Märkisch-Buchholz bei Berlin. Am Bus erwartete uns der Schriftsteller und zeigte uns sein Domizil im Wald. Ich erinnere mich noch gut an einen Fellsack, in dem ich meine Füße wärmen durfte. Franz Fühmann war es auch, der in unserer Wohnung in Berlin-Lichtenberg die ersten Schritte unserer Tochter mit erlebte.

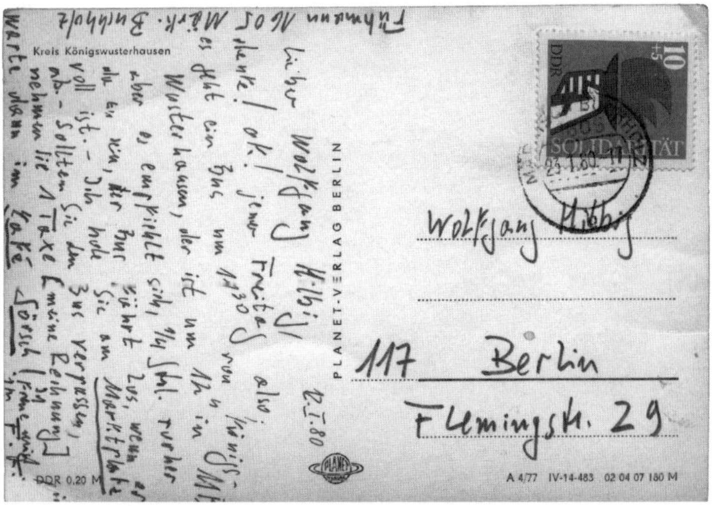

Postkarte von Franz Fühmann an W.H., 12. januar 1980

1979, Berlin-Spindlersfeld. Fahren im blauen Dacia eines Kollegen nach der Spätschicht im Rundfunk in der Flemmingstraße 29 vor. Die Jalousien sind noch hochgezogen. In der Tiefe des Zimmers im Erdgeschoss sehen wir den Dichter am Schreibtisch bei der Arbeit. Hin und wieder nimmt er einen Schluck aus der Teetasse und einen Zug aus der Zigarette. Kerzen erleuchten den Platz. Im Kachelofen prasselt ein Feuer. Der Heizer hat ganze Arbeit geleistet.

Rechts: Berlin-Lichtenberg, Fanningerstraße 35, Wohnhaus Hilbig, 4. Stock, die Fenster gehen auf die Wotanstraße

Unser Leben in Berlin-Lichtenberg war mühselig. Das hohe Haus gegenüber dem Oskar-Ziethen-Krankenhaus hatte immer staubige Treppen und – im Souterrain – ein Labyrinth von Kellerverschlägen, die sich um das ganze Häuserviereck herum erstreckten. Wehe dem, der seinen Keller weit hinten um zwei Ecken hatte! Unser angestammter vorne war natür-

Haus Fanningerstrße 35

Rechts: Blick in die Fanningerstraße

lich beim Einzug besetzt, Also hieß es für Hilbig und mich Kohlenschleppen durchs Labyrinth hoch in den vierten Stock in einen kleinen Verschlag im sogenannten Berliner Zimmer. Gebündelte Briketts waren rar. Wir hatten manchmal welche. Die Elektrik war alt und verrottet. Schon ein kleiner Radiator und ein Fernseher brachten sie schnell zum Erliegen. Dann hieß es ab in den Keller mit einem feuchten Lappen und die Sicherungen wieder einschrauben.

Wolfgang Hilbig hat das Keller-Labyrinth in seinem Werk verewigt.

In den 1970/1980er Jahren ging die Angst vor der Stasi in Berlin um. Oben in der Fanningerstraße konnte man aus dem Wohnzimmerfenster die berühmt-berüchtigte Ruschestraße mit dem Sitz der Stasi wenige hundert Meter Luftlinie entfernt erahnen. Wir, Hilbig und ich, hatten oft Besuch. Ich erinnere mich, dass einmal, als einer der Dichterfreunde vorbei kam, aus Angst, abgehört zu werden, nicht gesprochen werden durfte. Man »unterhielt« sich schriftlich …

In Berlin, Lottumstraße – ich meine mich zu erinnern, dass es die Hausnummer 5 war, wohnte der Schriftsteller Frank Wolf Matthies. Bei ihm lasen und diskutierten viele Autoren, so Adolf Endler, Elke Erb, Robert Havemann, Uwe Kolbe, Gert Neumann, Lutz Rathenow und – Wolfgang Hilbig aus ihren Werken. Einmal, es muss 1980 gewesen sein, besuchte ich mit Wolfgang Hilbig eine Lesung mit Günter Grass. Während wir Grass lauschten, schlief unsere Tochter friedlich im Flur in ihrem Kinderwagen. Die Stasi indes schlief nicht …

P.S.: Später versuchten Stasi-Männer, mich im Büro des Kaderleiters meines Rundfunksenders zu bewegen, weiterhin mit Kind im Wagen Buchlesungen in privaten Wohnungen zu besuchen und zu berichten, wer da war und wer was gesagt habe. Ich lehnte ab, passiert ist daraufhin nichts.

Rechts: Wolfgang Hilbig bei einem Ausflug, 1978

»... Ich habe nun vor, Anfang März, Schluß zu machen mit der Mafa [Maschinenfabrik, Anm. M.F.] und nach Berlin zu ziehen. Was sagst Du dazu? Ich denke doch, daß sich bis dahin das Notwendigste geklärt hat: Die Kohlen zu Hause, die Jahresendprämie, und eventuell auch meine Abfindung. Ich glaube doch, daß ich im März noch irgendwo als Heizer angenommen werde (die Heizperiode geht im allgemeinen bis 15. März). (Könnten wir bis dahin noch einen Stuhl besorgen, daß ich bei Dir am Küchentisch schreiben kann?)« – Nach Berlin gekommen ist Wolfgang Hilbig 1979, und im Frühjahr 1981 sind wir von Spindlersfeld nach Lichtenberg gezogen. Da waren wir zu dritt und unsere Tochter fast ein Jahr alt.

[Auszug aus Brief an M.F., 23. Januar 1979]

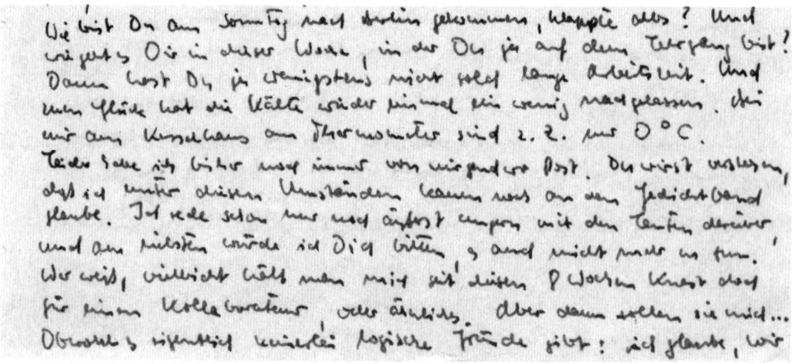
Wie bist Du am Sonntag nach Berlin gekommen, klappte alles? Und
wie geht's Dir in dieser Woche, in der Du ja auf dem Lehrgang bist?
Dann hast Du ja wenigstens nicht solch lange Arbeitszeit. Und
zum Glück hat die Kälte wieder einmal ein wenig nachgelassen. Bei
mir am Kesselhaus am Thermometer sind z. Z. nur 0° C.
Leider habe ich bisher noch immer von nirgendwo Post. Du wirst verstehen,
daß ich unter diesen Umständen kaum noch an den Gedichtband
glaube. Ich rede schon nur noch äußerst ungern mit den Leuten darüber
und am liebsten würde ich Dich bitten, es auch nicht mehr zu tun.
Wer weiß, vielleicht hält man mich seit diesen 8 Wochen Knast doch
für einen Kollaborateur, oder ähnliches. Aber dann sollen sie mich...
Obwohl es eigentlich keinerlei logische Gründe gibt: ich glaube, wir

»(...) Und wie geht es Dir in dieser Woche, in der Du ja auf dem Lehrgang bist? Dann hast Du ja wenigstens nicht solch lange Arbeitszeit. Und zum Glück hat die Kälte wieder einmal ein wenig nachgelassen. Bei mir am Kesselhaus am Thermometer sind z.Z. nur 0° C.

Leider habe ich bisher noch immer von nirgendwo Post. Du wirst verstehen, daß ich unter diesen Umständen kaum noch an den Gedichtband glaube. Ich rede schon nur noch äußerst ungern mit den Leuten darüber, und am liebsten würde ich Dich bitten, es auch nicht mehr zu tun. Wer weiß, vielleicht hält man mich seit diesen 8 Wochen Knast doch für einen Kollaborateur, oder ähnliches. Aber dann sollen sie mich ... Obwohl es eigentlich keinerlei logische Gründe gibt: ich glaube, wir sollten die Idee dieses Gedichtbandes doch ad acta legen. Es macht mir nur noch Unbehagen, daran zu denken. In Kürze werde ich an Gert Neumann schreiben (der übrigens auch schweigt) und fragen, ob er Näheres weiß.

Das Einzige, was indessen hier noch vorwärtsgeht (vorwärts!?) ist mein Schreiben selber, und ich arbeite mittlerweile an allen noch offenstehenden Dingen: bl. Blume*, kurzer Prosa, Gedichten, von denen Du sicher demnächst wieder einige lesen kannst – aber das bedeutet nicht etwa, daß mir das Schreiben

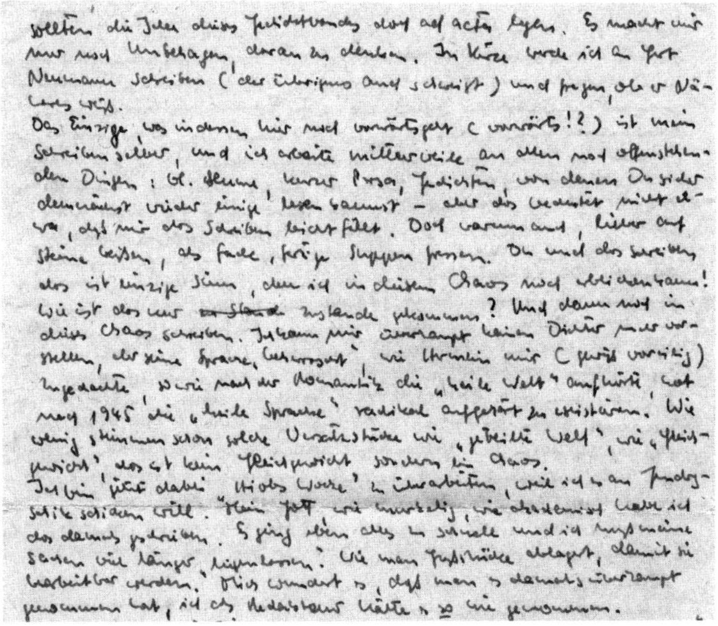

leicht fällt. Doch warum auch, lieber auf Steine beißen, als fade, fertige Suppen fressen. Du und das Schreiben, das ist einzige Sinn [sic], den ich in diesem Chaos noch erblicken kann! Wie ist das nur zustande gekommen? Und dann noch in dieses Chaos schreiben. Ich kann mir überhaupt keinen Dichter mehr vorstellen, der seine Sprache ›beherrscht‹, wie Hermlin mir (gewiß voreilig) zugedachte, so wie nach der Romantik die ›heile Welt‹ aufhörte, hat nach 1945 die ›heile Sprache‹ radikal aufgehört zu existieren. Wie wenig stimmen schon solche Versatzstücke wie ›geteilte Welt‹, wie ›Gleichgewicht‹, das ist kein Gleichgewicht, sondern ein Chaos.
Ich bin jetzt dabei ›Hiobs Woche‹ zu überarbeiten, weil ich es an Jendryschik schicken will. Mein Gott, wie murkelig, wie akademisch habe ich das damals geschrieben. Es ging eben alles zu schnell und ich muß meine Sachen viel länger ›liegenlassen‹. Wie man Gußstücke ablagert, damit sie bearbeitbar werden. Mich wundert es, daß man es damals überhaupt genommen hat, ich als Redakteur hätte es <u>so</u> nie genommen.«

[Auszug aus Brief an M.F., 23. Januar 1979; i.O. irrtümlich 1978]

* »Die blaue Blume«, Prosafragment von W.H.

»… Am Montag, nachdem wir aus Berlin zurück waren, wollte ich am Abend mit J. Schreiber ins Stadthaus. Auf dem Weg dorthin wurden wir von 2 Kerlen aufgelauert und es gab eine Prügelei. Es endete damit, daß ich mit dem einen der beiden durch eine Schaufensterscheibe ging … Wir konnten nichts machen: Es war ›eingefädelt‹, eine gezielte Provokation. Du kennst ja ähnliche Fälle, die Schreiber schon hinter sich hat. Es lief aber alles glatt ab … bis auf meine rechte Hand, die angeknackst ist. Deshalb schreibe ich so schlecht …«

[Auszug aus dem Brief an M. Franzlik, 20. August 1983]

»... Ich bin wieder ins Fettnäpfchen getreten; das Land ist ein einziges Fettnäpfchen. Mit der Annahme des Brüder-Grimm-Preises habe ich ein Gesetz übertreten. Als Nicht-Verbandsmitglied hätte ich ... den Vorsitzenden des Ministerrates (Stoph?) um Erlaubnis fragen müssen. Ein Gesetz, das kein Schwein kennt, nicht mal der Marquardt wußte davon, außer natürlich Höpcke, der mitteilte, er würde die Preisannahme ›nicht befürworten‹. Übertretung jenes Gesetzes, das ich faktisch schon übertreten habe, kann mir Ordnungsstrafe von 10-300 Mark einbringen, vom R a t d e s K r e i s e s ausgesprochen. Lächerlich ... aber ich sehe natürlich vollkommen schwarz für Hanau, respektive Westberlin. – Und dieser Mischpoke muß man nun noch freundliche Briefe schreiben: Hab ich den Spieß umgedreht und Höpcke selber eingeladen, mit mir nach Hanau zu fahren, weil er der Meinung ist, jede Preisverleihung an einen Ost-Schreiber von drüben ist mit bösen politischen Absichten verbunden ...«

[Auszug aus Brief an M.F., 28. September 1983]

Nach dem Tode Wolfgang Hilbigs verkraftete ich es lange nicht, an seine an mich und die Tochter gerichteten Briefe und Karten zu gehen. Als ich die Päckchen dann doch zur Hand nehmen konnte, war ich erstaunt, bestürzt und vor allem gerührt, gerührt angesichts der großen Fürsorge. Das war mir nicht bewusst gewesen. So schrieb er mir am 17. August 1975:
»Meine allerliebste Margret, wie hast Du das Wochenende, das letzte vor unserem Urlaub, hinter Dich gebracht. Ich hoffe, es geht Dir wieder besser! Ich habe mir doch große Sorgen um Dich gemacht, ich wäre sehr unglücklich, wenn mein Liebling ernsthaft krank würde, oder es ihm anderswie nicht gut ginge … Ach, am liebsten wäre es mir, ich hätte Dich immer bei mir und könnte immer auf Dich achtgeben!«
Am 31. März 1977 heißt es:
»… Ich habe mir indessen einige Sorgen um Dich gemacht. Sie betreffen die Kältewelle, die wieder mal über uns gekom-

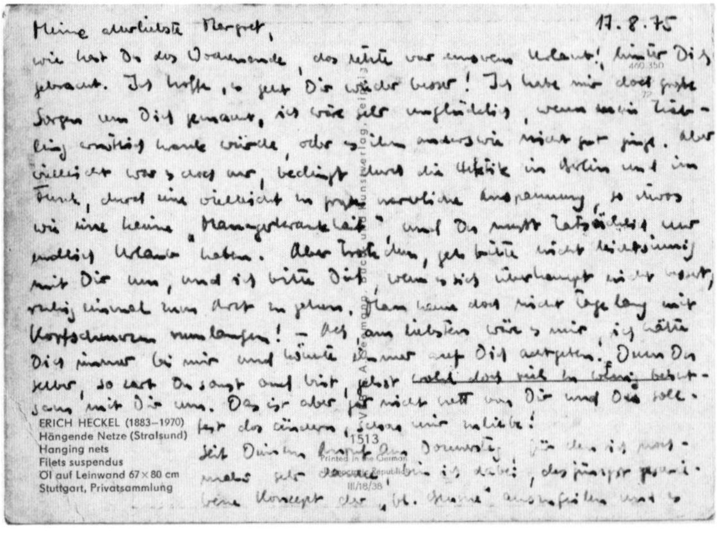

Bei einem Ausflug, 1978. Margret Franzlik: Bildmitte

men ist, und über Euren Kohlemangel. Du siehst, es war ganz gut, daß ich am Sonntag schnell noch einen Eimer holte, als ob ich das geahnt hätte. Ist bei Euch in den Nächten wieder alles eingefroren? … Wie hast Du diese Tage überhaupt überstanden …«

Schon vier Tage später, am 4. April 1977, kam Hilbig wieder auf das Thema zurück:

»… Ich bin seitdem leider wieder mal in Sorge um Dich, denn von Deiner Stimme am Telefon (noch auch von Deiner Stimmung!) zu schließen, war Deine Erkältung nicht von schlechten Eltern. Du bist und bleibst eben doch mein großes Sorgenkind. Wie geht es Dir jetzt? Hat es sich inzwischen ein wenig gebessert?«

Wolfgang Hilbig hat seine kleine Tochter abgöttisch geliebt. In der Anzeige vom 22. Juni 1980, also knapp drei Wochen nach ihrer Geburt, schrieb er an den Freund Hartmut in Neubrandenburg:

»... Die Kleine ist ausgesprochen lebhaft, und wir haben bisher fast nur Freude an ihr. Ein beinahe ununterbrochen durstiges Mädchen (Erbanlagen?), das mit dunklem Haar auf die Welt kam und jetzt superblond wird. Wir werden also jetzt nachts mindestens einmal durch Geschrei geweckt und ärgern uns nicht darüber.«

[Briefkarte an Hartmut Boek, 22. Juni 1980]

So mancher Leser mag sich fragen, wem Wolfgang Hilbig eine seiner frühen Erzählungen, »Herbsthälfte«, wohl gewidmet haben mag. Dieses »Für M.« – gilt es seiner Mutter? Seiner Heimatstadt Meuselwitz? Bereits am 31. März 1974 hatte Hilbig mir geschrieben:
»Meine liebe Margret! Hier endlich, was ich schon lange versprach, mal ein kurzes Prosastück, das ich Dir heute abschrieb. Das ›Für M.‹ neben dem Titel und ist die Abkürzung Deines Vornamens, es ist also D e i n Prosastück! – Es ist – neben einem kurzen Gedicht (Herbstrosen Herbstwein) und einem anderen Prosastück, das noch brachliegt (Die Beschreibung) – ein Ergebnis meines Urlaubs mit Dir in Broda, der durch Dich so schön wurde. – Abgekürzt habe ich den Namen, weil es meiner Meinung nach genügt, wenn wir beide wissen, wer gemeint ist; es geht allein u n s an …«
Am 30. Januar 1979 schrieb mir Hilbig:
»… Inzwischen bin ich – man höre und staune – beim Prosaabschreiben (deshalb die Un-Schrift dieses Briefes: die gelähmten Finger), mit Durchschlägen für Jendryschik, und ›Deine Geschichte‹, die ›Herbsthälfte‹, was heute fertig wurde, kann ich Dir demnächst in seiner vorerst definitiven Fassung zugehen lassen. Morgen fange ich ›Aufbrüche‹ an, womit die beiden langwierigsten Ärgernisse ›fertig‹ wären. 10 Jahre zu vier Seiten, so schreibt Hilbig …«
Und am 6. Februar 1979 teilte er mir zu Beginn seines Briefes Folgendes mit:
»Liebste Margret, hier schicke ich Dir die letzte Fassung der ›Herbsthälfte‹, per Eilpost, damit sie Dich vorm Wochenende erreicht …«

Links: Wolfgang Hilbig mit Tochter Constance

Wolfgang Hilbig wurde nicht nur »Kaschi« nach seinem Großvater Kasimir gerufen, sondern auch »Billy«. In meiner Zeit in Meuselwitz war mir das aufgefallen. Dass er selber einmal einen Brief mit eben diesem Spitznamen schloss, wusste ich da noch nicht. Am 10. Juni 1962 hatte er einem Freund namens Jochen von der Armee im Roten Luch bei Buckow, östlich von Berlin, geschrieben und ihm viele Grüße von »Billy« geschickt. Wolfgang Hilbig wollte eigentlich nicht zur »Fahne«, wie die Nationale Volksarmee der DDR im Volksmund genannt wurde, aber ein Bekannter aus Meuselwitz überredete ihn, sich mit ihm freiwillig dorthin zu melden. Am Ende landete Hilbig bei der NVA, der Anstifter hatte es vorgezogen, zu Hause in Meuselwitz zu bleiben …(!) Der Brief an Freund Jochen verrät, dass Hilbig zum Testfunker ausgebildet werden sollte, aber schon nach den ersten Stunden des Hörens von Morsezeichen einem Nervenzusammenbruch nahe war. Er musste zum Arzt, der einen Trick vermutete. Doch als Soldat Hilbig behauptete, lieber vor dem Staatsanwalt zu stehen, als die Funkerausbildung mitzumachen, schickte ihn der Arzt zu

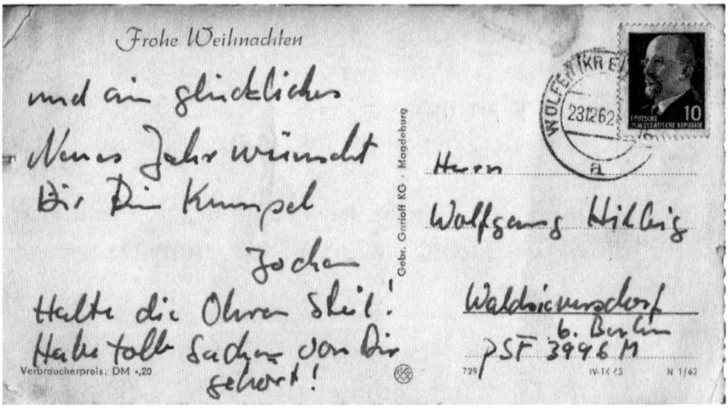

Postkarte von Jochen, Ende 1962

einem Nervenspezialisten nach Bad Saarow, der ihn sofort freistellte. Wörtlich heißt es in dem Brief: »Vorläufig bin ich noch Kanonier – aus Opposition gegen die, die sich ›Flieger‹ nennen und hinter einer Morsetaste landen …«

[Brief an Jochen, 1962]

Ab Anfang der 1970er Jahre besuchte ich mit meinem Freund Wolfgang Hilbig die Leipziger Buchmesse im Messehaus am Markt. Dort blätterten wir oft stundenlang in den Neuerscheinungen vor allem der Westverlage. Zu groß war die Versuchung, das eine oder andere Buch klammheimlich mit zu nehmen. Nur erwischen lassen durfte man sich nicht dabei. Dann drohten Exmatrikulation und Meldung an den Betrieb. Vorher führte einen die Stasi unters Dach in ihre Räume, um die Personalien und die gestohlenen Bücher festzustellen. Auch Wolfgang Hilbig wurde beim Bücherklau erwischt. Er musste eine Geldstrafe zahlen und sich in seinem Betrieb verantworten. Manchmal kam man um Konsequenzen herum; ganz Geistesgegenwärtigen ist es gelungen, hinter dem Stasi-Mann hergehend, die entwendeten Bücher in einen Papierkorb zu werfen, um sie nach dem Verhör dort wieder heraus zu fischen.

Anlässlich eines Besuches der Leipziger Buchmesse werde ich von Wolfgang Hilbig in die Künstlerkompagnie in der Junghanßstraße 4 in Leipzig-Leutzsch eingeführt. Nein, zum harten Kern werde ich nicht gehören. Da Geld knapp ist, sind Mitbringsel in Form von Lebensmitteln erwünscht. Also lasse ich im Laden an der Ecke Tomaten und anderes eintüten. Oben angekommen, soll ich mich um die berühmte Brühe von Gert Neumann auf dem Herd kümmern, die ich prompt versaue, weil das Ei verklumpt. Da ist der Gert eigen. Kein guter Einstand bei Hilbigs Freunden …

Frühling 2012. Leipzig im Buchmesse-Fieber. Vier Jahre lang, von 1970 bis 1974, war ich hier zu Hause, studierte ich Journalistik in der Tieckstraße. Von dort ist es nicht weit bis ins Café Schroer, heute Grundmann in der August-Bebel-Straße, das wir als Studenten oft mit unserem Französisch-Lehrer besuchten. Zur Buchmesse im Messehaus am Markt ging ich in jenen Jahren mit meinem Freund Wolfgang Hilbig, dem damals nur Insidern bekannten Dichter aus Meuselwitz. An den Messetagen hielt man draußen im Café den Kopf in die Frühlingssonne und diskutierte die Neuerscheinungen auf dem Büchermarkt. 1980, da wohnte Hilbig schon bei mir in Berlin und hatte illegal sein erstes Buch »abwesenheit« in der Collection S. Fischer Frankfurt/Main veröffentlicht, teilte er mir aus Leipzig mit, er habe seinen Lektor Thomas Beckermann schon getroffen und warte jetzt in der Gaststätte im Messehaus auf Gert Neumann. Weiter erfuhr ich, sein Freund Schreiber sei mit einem Buch erwischt worden. Auf einer weiteren Postkarte schickte mir Wolfgang einen Artikel aus der LVZ, der Leipziger Volkszeitung, und berichtete, dass am Stand von S. Fischer laufend nach Büchern von G.N. [Gert Neumann] und W.H. [Wolfgang Hilbig] gefragt werde.
Die Buchmesse 2012 ist ganz anders. Schon lange nicht mehr im Messehaus am Markt, dafür moderner und gigantischer auf dem Messegelände im Norden, mit Glashalle und Gesprächen auf dem Blauen Sofa und Lesungen in der ganzen Stadt. Bücher von Westverlagen muss heute keiner mehr klauen. Dafür streben die Buchbegeisterten schon am frühen Morgen in die Buchhandlungen, auch, um sich ein Ticket für die Buchmesse zu kaufen. Im Café Grundmann trifft man sich am Abend zur Lesung. Wer will, nimmt dort noch ein signiertes Buch des Leipziger Poeten Andreas Reimann mit. Am Messestand von S. Fischer steht diesmal kein Hilbig im Regal, auch nicht die vier Bände der Werkausgabe. Man setzt voll und ganz auf

die Neuerscheinungen des Frühjahrs. Ein junger Mann – ein Praktikant? – weiß nichts von Hilbigs Büchern. Und in der Stadt selbst? Die Buchhandlung Ludwig am Hauptbahnhof hat zur Zeit keinen Hilbig im Angebot. Anders ist das Bild in der Connewitzer Verlagsbuchhandlung in Specks Hof. Hier hat man sich unter anderem auf Leipziger, die mitteldeutschen Dichter spezialisiert. Im Regal natürlich auch Hilbig: seine gesammelten Gedichte, »Die Weiber«, »Die Kunde von den Bäumen« und der Text-Foto-Band »Plagwitz« mit einem Text von ihm. Wer den Kopf hebt, den blicken aus großen Fotografien die Dichter an. Auch Hilbig. – Bei allem Messetrubel, den vielen Prominenten in den Messeständen und auf den Veranstaltungen, denkt man etwas wehmütig an die 1970/80er Jahre zurück und ist geneigt, diesen ganz speziellen Hunger der DDR-Bürger auf Westliteratur, dieses ehrliche und unerbittliche Verlangen nach dem freien gedruckten Wort zu vermissen.

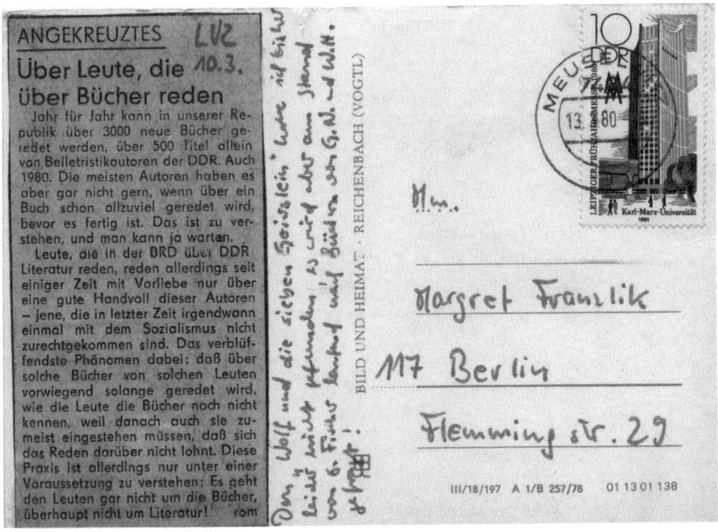
ANGEKREUZTES LVZ 10.3.

Über Leute, die über Bücher reden

Jahr für Jahr kann in unserer Republik über 3000 neue Bücher geredet werden, über 500 Titel allein von Belletristikautoren der DDR. Auch 1980. Die meisten Autoren haben es aber gar nicht gern, wenn über ein Buch schon allzuviel geredet wird, bevor es fertig ist. Das ist zu verstehen, und man kann ja warten.

Leute, die in der BRD über DDR Literatur reden, reden allerdings seit einiger Zeit mit Vorliebe nur über eine gute Handvoll dieser Autoren – jene, die in letzter Zeit irgendwann einmal mit dem Sozialismus nicht zurechtgekommen sind. Das verblüffendste Phänomen dabei: daß über solche Bücher von solchen Leuten vorwiegend solange geredet wird, wie die Leute die Bücher noch nicht kennen, weil danach auch sie zumeist eingestehen müssen, daß sich das Reden darüber nicht lohnt. Diese Praxis ist allerdings nur unter einer Voraussetzung zu verstehen: Es geht den Leuten gar nicht um die Bücher, überhaupt nicht um Literatur! rom

Zum 9. November 1989 hat uns Wolfgang Hilbig sofort per Karte gratuliert. Da lebt er in Edenkoben an der Weinstraße bei seiner Freundin Natascha Wodin, und wir, seine Mutter, unsere Tochter und ich, dürfen die beiden noch im selben Jahr zu Weihnachten und auch später dort besuchen. Als wir einmal in der Watzengasse 32 ankommen, hängt der Dichter gerade in der Garage die gewaschenen Unterhosen seiner Freundin auf die Leine. Später übernimmt er oben den Küchendienst und spült Geschirr. Hilbig konnte auch sehr gut kochen. Soviel zur Mär: Der Dichter trug den Müll nie raus …

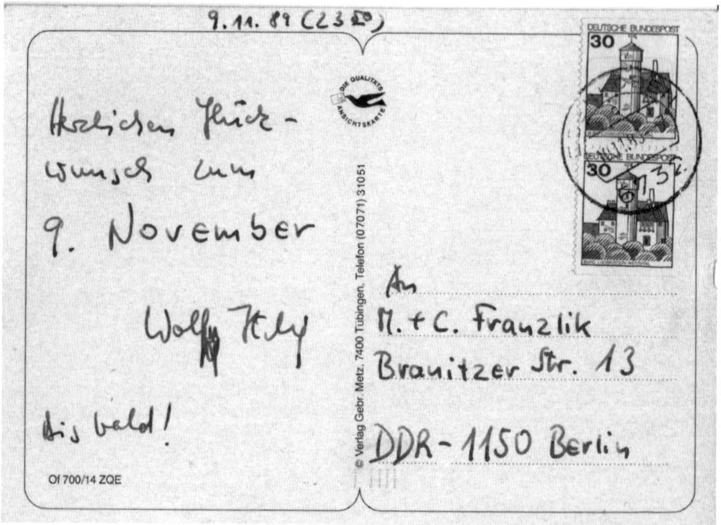

Einmal überlässt uns Hilbig seine Wohnung in der Koberger Straße in Nürnberg. Spärlich möbliert ist sie und wohl auch wenig benutzt. Wir, seine Mutter, die Tochter und ich sind dankbar für die kostenlose Unterkunft im Westen. Im Regal stapeln sich Schallplatten, einige noch aus DDR-Zeiten. Darauf angesprochen, heißt es am Telefon: »Such aus, was Dir gefällt!« Wenn ich heute Emerson, Lake & Palmer und Jethro Tull auflege, denk ich an Hilbig und an Nürnberg.

Margret Franzlik

In den 1970ern trampe ich mit Hilbig durch Polen. Von Wroclaw (Breslau) über Bytom (Beuthen), Katowice (Kattowitz) und Krakow (Krakau) führt die Route nach Zakopane. In Breslau treffen wir einen Betrunkenen, der uns mit zu sich nach Hause nimmt. Der Mann erzählt sein Leben, seine Katze springt aus dem zweiten Stock auf die Straße. Wir hören zu und bekommen ein Bett für die Nacht. Von Krakau aus machen wir einen Abstecher nach Osten. Wollten wir Richtung Lublin, in die Heimat des Großvaters? Der Weg endet jedenfalls wegen Magenbeschwerden meinerseits in Tarnow (Tarnau).

Mein Erkerzimmer in der Dienstwohnung des Rundfunks der DDR in der Mauerstraße gegenüber dem Postmuseum war winzig: Ein Tisch, eine Klappcouch, Regal und Waschecke, c'etait tout. Wenn Anfang der 1970er Jahre Besuch kam, hieß es zusammenrücken. Einmal brachte Hilbig noch drei Gäste mit. Nach dem Zechen im Hotel »Sofia« an der Gendarmenbrücke und Laufen an der Mauer entlang – übrigens, die Mauerstraße unweit des Checkpoint Charly hieß schon so, als es die Berliner Mauer noch gar nicht gab!, campierten wir zu fünft auf Couch und Luftmatratze. Ich weiß noch, dass ich für alle Champignons in Butter machte, damals im polnischen Spezialitätenladen am Strausberger Platz zu haben.

Seine letzte Reise führte den Dichter an die Ostsee, nach Wustrow auf dem Darß. Wochen nach seinem Tod: Das Ferienhaus im Sanddornhof 7a ist zufällig frei. Auf diesem Bett also hat der Kranke gelegen, im vorderen Raum mit Freunden gesessen. Und durch diesen Weg ließ Hilbig sich ans Meer schieben. Weiter vorn, an der Brücke, entdecke ich im flachen Wasser einen schwarzen Stein mit einer tiefen Kerbe. Als wir Wustrow den Rücken kehren, macht das Dorf seinem Ruf als Ort der Gewitter alle Ehre: Blitz und Donner und schwere Regengüsse geben uns das Geleit; über der Autobahn steht groß und prächtig ein Regenbogen.

Meuselwitz war in den 1970/80er Jahren eine kleine Stadt mit großer Industrie: Maschinenfabrik (MAFA) und Gießerei, Hochfrequenzwerkstätten, »Baumwolle« und »Gummibude«. Allmorgendlich drangen in die Schlafstuben der Breitscheid-Straße 19b im ersten Stock die Geräusche des beginnenden Berufsalltags: Das Klicken von Absätzen auf dem Pflaster, das Quengeln von aus dem Schlaf gerissenen Kindern, das Gemurmel

Die »Fortschritt«-Gärten

erster karger Gespräche unter Kollegen. Vor den Fleischerläden standen die Leute freitags Schlange, und abends waren die Kneipen voll, die »Vitte«, der »Lindenhof«, der »Thüringer Hof«, der »Koffer«, das Stadt- und das Klubhaus und die Kneipe in den »Fortschritt«-Gärten. Heute sieht man auf den Straßen viele Alte, mit Stock und Rollator, und die Markttage sind die Höhepunkte der Woche. Da treffen sich insbesondere Männer vor einem Asia-Imbiss auf einen oder mehrere Becher Kaffee. In der imposanten Post in der Bahnhofstraße, wo wir früher so oft stundenlang auf die Vermittlung eines Telefongesprächs gewartet haben, sitzt ein Wellness-Studio. Auf dem Platz, wo früher das große Bergarbeiterhaus Breitscheid-Straße 19a und b stand, gähnt heute eine begrünte Lücke.

Der Kreis schließt sich. Nach zweiundvierzig Jahren nehme ich Abschied von Meuselwitz, der Stadt, in der ich dem Dichter Wolfgang Hilbig zwar nicht zuerst begegnete, den ich aber dort, in seiner Heimat, erst richtig kennen lernte. Auch nach seinem Wegzug 1979 aus Meuselwitz zu mir nach Berlin waren wir oft dort. Nach unserer Trennung 1982 fuhr ich regelmäßig mit dem Kind zur Großmutter, wo wir auch den Vater und früheren Lebensgefährten trafen, in der Wohnung, wo Marianne Hilbig seit dem Ende der 1920er Jahren mit den Eltern, ab 1940 mit ihrem Mann und ab 1941 mit dem Sohn lebte. Bis zuletzt, bis 1999, als abzusehen war, dass das große Arbeiterhaus abgerissen werden würde, was dann 2005 auch geschah, hatte sich in der Hilbig-Wohnung im ersten Stock bis auf den Einbau eines Bades – vorher hatte es nur außerhalb der Wohnung eine Toilette gegeben – kaum etwas verändert. Dann zogen einige der Bewohner zwei Querstraßen weiter, und Marianne Hilbig zog mit. Seitdem spielte sich unser Besuchsleben, auch das des Sohnes Wolfgang, in der kleinen Wohnung im Hochparterre ab. Fünfeinhalb Jahre nach Hilbigs Tod habe ich im Oktober und November 2012 in dieser Wohnung gelebt und seiner hochbetagten Mutter bis zu ihrem Tode am 24. November beigestanden. Die eigenwillige und bis fast zuletzt selbstbestimmte Frau war zu hinfällig geworden, um allein in ihrem Zuhause zurecht zu kommen. Um ihr im hohen Alter ein Pflegeheim zu ersparen – nach Berlin wollte sie ohnehin nie –, entschieden wir, meine Tochter und ich, uns für diese vorerst bis Jahresende geplante Variante. Ich nahm die Rolle der Pflegerin auf Zeit vor allem deshalb an, um meine junge Tochter zu entlasten.

Meuselwitz im Herbst: Lange Dunkelheit am Morgen, frühe Dunkelheit am Abend, trüber Himmel, trüb die Stimmung. Und Angst vor der unwägbaren Strecke, die es zu absolvieren galt. Aber ich wollte, ich musste und ich würde es durch-

und aushalten. Und musste schon bald erkennen: Auch Laptop und Malfarben, Bücher, Zeitschriften und Telefon würden das Unternehmen nicht wirklich erleichtern. Es waren diese totale Verfügbarkeit Tag und Nacht, die unvorhersehbaren kleinen und größeren Katastrophen, die die Seele belasteten. Nach und nach begann ich mich zu arrangieren, mit der alten Frau, aber auch mit meiner eigenen Lage. Schnell fand ich heraus, es waren die Stunden ab vier Uhr nachmittags bis zum Schlafengehen, die mir am meisten zu schaffen machen würden. War Marianne Hilbig anfangs noch kritisch-fordernd und gesprächig – es ging, wie immer um dieselben alten Geschichten, aus der Kindheit vor allem, der Familie, ihre Erlebnisse und Erfahrungen als Hausmädchen in den 1930er Jahren in Jena und Leipzig, ihre Arbeit als Konsum-Verkäuferin und später Lohnbuchhalterin in der »Baumwolle«, einem Textilbetrieb, so verstummte sie nach und nach, wurde müde, des Lebens müde. Da stand dann ein unauflösbares Schweigen zwischen uns. Da bekam ich nicht einmal mehr die Geschichten von den »freßschen Viechern« und dem »qualmschen Luder« zu hören. Draußen vor der Tür schien das Leben an uns vorbei zu ziehen. Nur vormittags machte ich mich auf in die Stadt.

Marktplatz mit Kirche, 1970

Links: Orangerie im damaligen Leninpark, heute wieder Schlosspark, Aufführung der MAFA-Tanzgruppe, Juni 1972

Nach und nach begann ich den Ort an der Schnauder abzulaufen, wie früher, als wir in der Clique auf Kneipentour gingen. Ich ersann kleine Runden, durch die Innenstadt, den Seckendorffpark, der in DDR-Zeiten Leninpark hieß, nach

Zipsendorf, in die Siedlung. Viele der Kneipen von früher sind verschwunden oder verwaist. Anstelle der »Vitte« steuern jetzt die Autofahrer eine Tankstelle an, der »Lindenhof« ist saniert, hat modernes Gestühl – mit meinen Erinnerungen an früher hat das nichts zu tun. Der »Thüringer Hof« ist abgerissen, die »Börse« geschlossen, und an das Stadthaus erinnern nur noch Fotos an der Mauer davor. Wenn ich gehofft hatte, die früher erlebten Orte würden mein Gedächtnis aktivieren und die alten Gefühle hervorlocken, so sah ich mich getäuscht. Orte an sich, das erkannte ich, schwiegen mich an, blieben auf seltsame Weise neutral. So sehr ich mich auch anstrengte, ich bekam die Gefühle von früher mit dem Bild von heute nicht mehr zusammen, bis mir plötzlich aufging: Es waren die Menschen von damals, die nicht mehr da waren und wenn doch, nicht mehr dieselben von früher. Woher also die Sicherheit, dass alles so gewesen ist, wie ich es definitiv aus Hilbigs Briefen an mich, aus meinen Briefen an ihn, aus seinen Werken weiß?
Manchmal, selten nur, setzen Dinge oder Fotos meine verschüt-

Busbahnhof in Meuselwitz, um 1975

teten Gefühle wieder in Gang. Das schaffte zum Beispiel ein einzelner vergessener Damenschuh aus den 1970er Jahren auf der Treppe zum Tanzboden des Stadthauses. Nie werde ich meine erste Ankunft auf dem Bahnhof von Meuselwitz vergessen – ich kam damals mit dem Triebwagen aus Altenburg, und Wolfgang Hilbig empfing mich, um mich gleich darauf zu seinem Freund Lutz Götze, dem mit der schwarzen Baskenmütze, linkerhand die Bahngleise entlang zum Haus dessen Großeltern am Anger 1 in Zipsendorf zu lotsen, wo ich übernachten würde, weil Hilbig mich noch nicht seiner Mutter und dem Großvater vorgestellt hatte. Ich weiß noch, im Fernseher in der Wohnstube bei Lutz lief der »Beat-Club«. Ich sehe auch noch den staubigen Vorplatz des Busbahnhofs vor mir, wo Bus auf Bus folgte und Massen von Arbeitern und Hausfrauen ein- und ausstiegen. Ich weiß noch heute, wie es war, wenn ich, aus Zeitz kommend, in Wuitz-Mumsdorf Wolfgang Hilbig nach seiner Arbeit im Heizhaus in den Triebwagen mit den roten, mit Kunstleder bespannten Bänken steigen sah, die Arbeitstasche unter den Arm geklemmt. Warum hat mein Gedächtnis ausgerechnet jene Episode gespeichert, als ich mit Wolfgang Hilbig eines Nachmittags, seine Mutter war zur Kur gefahren, bei strömendem Regen im Garten der »Fortschritt«-Anlage gleich rechts am Eingang einen morschen Kirschbaum absägte. Nie wieder habe ich besagten Garten, in dem der kleine Wolfgang wie auch viel später unsere Tochter auf der Decke auf dem Rasen spielten, wieder sehen wollen. Jener Garten, den die Familie in den 1930er Jahren gepachtet hatte und den Hilbigs Mutter in den 1980er Jahren unfreiwillig abgeben musste, weil er den Schönheitskriterien des Gartenvereins nicht entsprach. Ich hätte den Garten später wohl auch nicht mehr wieder erkannt.

Tag neun meines Exils in Meuselwitz. Die Oktobersonne schickt schwache Wärmestrahlen über die Stadt. Sitze im Park vor der Orangerie, an mir vorbei segelt ein Blatt zu Boden, sein kleiner Schatten ihm voran. Im Bäckerladen an der Ecke korrespondiert das Grün der Stuhlpolsterung perfekt mit dem grünen Lack auf den Fingernägeln der Verkäuferin. Schnelle Eindrücke unterwegs auf dem Weg nach Hause: Die nackte Rückenansicht einer »Venus von Meuselwitz« hinter der gardinenlose Scheibe des neuen Tatoo-Studios An den Meeden, die neue Schaufenstergestaltung im aufgegebenen traditionsreichen Papierladen Meißner und die immer noch beeindruckende Fassade des Hauptkonsums mit der Ruine der Konsum-Bäckerei dahinter. Der Briefkasten am Haus, in den Wolfgang Hilbig einst seine Post einwarf, manchmal »auf den letzten Drücker«, bevor geleert wurde, fiel nach der Wende schon bald den Sparzwängen der Post zum Opfer.

Gestern C. zum Bus gebracht. Komische Situation, denn *ich* bleibe diesmal da. Danach noch eine Runde durch den Park. Mir fallen die vielen Frauen auf, die mit ihren Sprösslingen unterwegs sind, die sie aus den Kindergärten abgeholt haben und mit denen sie vor dem Abendbrot noch ein wenig auf dem Spielplatz im Park verweilen, am kleinen Elefanten aus Beton, den schon unsere kleine Tochter bestieg. Es ist eine schöne, friedliche Stimmung, die einen ganz und gar gefangen nimmt. Mir ist, als hätte ich Meuselwitz in den vergangenen vier Jahrzehnten nie so gesehen.

27. Oktober. In der Nacht hat es geschneit. Den ganzen Tag über fallen Flocken, um als Matsch liegen zu bleiben. Dazu zum ersten Mal Minusgrade. Seit gestern höre ich wieder die Schreie der Wildgänse, die über das Haus zu ihren Fressplätzen fliegen.

Ende November, kurz vor Totensonntag. Ein langes Leben hat sich vollendet, das letzte Band ist gekappt. Der Tag des endgültigen Abschieds von Meuselwitz ist gekommen. Adé, Hilbigs Stadt.

[Dezember 2012]

Am 22. Dezember 2013 brachte unsere Tochter einen Sohn zur Welt: Jayden. Möge der Kleine wachsen und gedeihen und eines Tages die Geschichte seiner Familie und vor allem seinen Großvater Wolfgang Hilbig für sich entdecken.

Beckermann, Thomas, geboren 1940, Verlagslektor, 1978 bis 1989 bei S. Fischer, danach bei Suhrkamp. Er gilt als einer der Entdecker von Wolfgang Hilbig. In dem 1994 erschienenen Buch »Wolfgang Hilbig. Materialien zu Leben und Werk« (hg. von Uwe Wittstock) schrieb Beckermann: »Im März 1978 lernte ich Wolfgang Hilbig kennen, wieder in Leipzig, diesmal am Stand des S. Fischer Verlags. Ich hatte inzwischen einige seiner Gedichte gelesen, deshalb beeindruckte mich besonders seine Sprachlosigkeit. Er redete wenig und nur kurz, hielt seine Sprache gleichsam in seinem kräftigen, gedrungenen Körper verborgen. Er, der immer mit einer kurzen Jacke und einer alten Tasche unterwegs war, antwortete stockend auf für ihn zu schnell gestellte Fragen. Vielleicht seines damals noch breiten sächsischen Dialekts wegen; vielleicht weil er langsam und sorgfältig dachte und formulierte; vielleicht auch weil ihm das Reden einfach keinen Spaß machte.« 1979 brachte Beckermann den Gedichtband »abwesenheit« bei S. Fischer heraus.

Boek, Hartmut, Regionalforscher, veröffentlichte 1982 in Neubrandenburg das Buch »Wo lag Rethra?«, wurde in den 70er und 80er Jahren eng von der Staatssicherheit beschattet.

Brüder-Grimm-Preis, vergeben von der Stadt Hanau »für ein herausragendes Werk in deutscher Sprache«. Erster Preisträger 1983 war Wolfgang Hilbig.

Bürkholz-Formation: DDR-Rockband mit dem Schlagzeuger Thomas Bürkholz, Ende 1972 gegründet, Mitte 1973 verboten, nachdem es nach einem Konzert zu Ausschreitungen gegen die Polizei kam.

Endler, Adolf, Schriftsteller; 1930 in Düsseldorf geboren, 2009 in Berlin gestorben; übersiedelte 1955 aus politischen Gründen in die DDR. 1955-1957 Studium am Literaturinstitut Johannes R. Becher in Leipzig. Zahlreiche Veröffentlichungen (Gedichte, Anthologien, Aufsätze, Tagebücher). 1979 Ausschluss aus dem DDR-Schriftstellerverband. Gehörte wie Franz Fühmann zu den Förderern junger, oft verbotener Literatur in der DDR.

Erb, Elke, Schriftstellerin, 1938 in Scherbach geboren; seit 1949 in der DDR lebend, arbeitete sie als Lektorin und Übersetzerin. Zahlreiche Veröffentlichungen (Gedichte, Geschichten). Gehörte zur literarischen und politischen Opposition der DDR um Adolf Endler.

Havemann, Robert, geboren 1910 in München, gestorben 1982 in Grünheide/Ost-Berlin; Wissenschaftler, Philosoph und Schriftsteller. Gehörte zum Widerstand gegen die Nazi-Diktatur, 1943 Verurteilung zum Tod wegen Hochverrats, die Urteilsvollstreckung wurde aufgehoben. In der DDR Professor der Physik, Mitglied der SED und der Volkskammer. Aufgrund kritischer Vorlesungen und Aufsätze Berufs- und Veröffentlichungsverbot. Danach einer der bekanntesten Oppositionellen in der DDR. Zahlreiche Veröffentlichungen u.a. »Dialektik ohne Dogma?«, Rowohlt 1964.

Fühmann, Franz, Schriftsteller, 1942 in Rochlitz geboren, 1984 in Berlin gestorben; zahlreiche Veröffentlichungen (Erzählungen, Tagebücher, Essays, Kinderbücher). War einer der wichtigsten Förderer junger Schriftstellerinnen und Schriftsteller, die in der DDR nicht veröffentlichen durften bzw. Repressionen ausgesetzt waren (darunter Frank-Wolf Matthies und Wolfgang Hilbig).

Grass, Günter, Schriftsteller, Grafiker und Bildhauer, geboren 1927 in Danzig; seit der Veröffentlichung des Romans

»Die Blechtrommel« einer der bekanntesten lebenden deutschen Schriftsteller; 1999 Nobelpreis für Literatur. Grass setzte sich vielfach für verfolgte und kritische Autorinnen und Autoren der DDR ein, protestierte gegen Repressalien und traf sich regelmäßig mit ihnen, soweit möglich, zu gemeinsamen Gesprächen und Lesungen, meist in Ost-Berlin.

Höpcke, Klaus, Politiker, geboren 1933 in Cuxhaven; 1951 bis 1955 Studium der Journalistik in Leipzig. Partei- und FDJ-Sekretär. 1973-1989 Stellvertretender Minister für Kultur, zuständig für das Verlagswesen und die Genehmigung (bzw. Nicht-Genehmigung) von Veröffentlichungen.

Jendryschik, Wolfgang, Buchhändler, Lektor im Mitteldeutschen Verlag, Halle, und Schriftsteller, 1943 in Dessau geboren, lebt in Leipzig. War von 1990 bis 1996 Kulturdezernent in Dessau.

Kalka, Dieter, Liedermacher, Schriftsteller, 1957 in Altenburg geboren. 1978 Beginn eines Studiums an der TH Ilmenau, 1980 Exmatrikulation wegen Besitzes »illegaler Schriften«. Veröffentlichte Bücher, Anthologien und CDs mit seinen Liedern; lebt in Leipzig und Meuselwitz.

Kolbe, Uwe, Schriftsteller, geboren 1957 in Ost-Berlin; 1980/81 Studium am Literaturinstitut Johannes R. Becher in Leipzig; Veröffentlichungen u.a. in Untergrundzeitschriften der DDR; Gedichtbände u.a. im Suhrkamp Verlag; 1986 Übersiedlung nach Hamburg. Er lebt in Berlin.

Matthies, Frank Wolf, Schriftsteller, 1951 in Berlin geboren; nach dem Abitur Lehre als Kunstschlosser. 1980 erschien »Unbewohnter Raum mit Möbeln« im Rowohlt Verlag, Reinbek.

Er veranstaltete danach zahlreiche »Wohnungslesungen« mit Autoren aus der DDR und der Bundesrepublik, daraufhin Verhaftung. 1981 Ausreise nach West-Berlin. Lebt in Joachimsthal.

Marquardt, Hans, Verleger, geboren 1920 in Simmatzig, gestorben 2004 auf Rügen; war von 1961 bis 1986 Leiter des Reclam Verlages in Leipzig. 1983 erschien im Reclam Verlag Hilbigs Buch »Stimme Stimme. Gedichte und Prosa«.

Neumann, Gert, Schriftsteller, 1942 in Heilsberg geboren, Traktorist, Studium der Literatur in Leipzig, 1969 Exmatrikulation aus politischen Gründen und Publikationsverbot. Danach Arbeit u.a. als Bauschlosser. 1981 erschien im S. Fischer Verlag der Roman »Elf Uhr«. Zahlreiche Veröffentlichungen nach 1989. Er lebt in Berlin.

Rathenow, Lutz, Schriftsteller, 1952 in Jena geboren; Studium in Jena, Gründung eines oppositionellen Arbeitskreises, der 1975 verboten wurde. 1976/77 Verhaftung und Exmatrikulation. Zahlreiche Veröffentlichungen (Kinderbücher, Gedichte, Prosa).

Reimann, Andreas, Schriftsteller und Grafiker, 1946 in Leipzig geboren; Schriftsetzerlehre, danach 1963 bis 1966 Literaturinstitut Johannes R. Becher in Leipzig. 1966 aus politischen Gründen exmatrikuliert. 1968 bis 1970 Haft wegen »staatsgefährdender Hetze«. Publikationsverbot. Nach 1989 wieder zahlreiche Veröffentlichungen, vor allem Gedichtbände.

Wodin, Natascha, Schriftstellerin und Übersetzerin, geboren 1945 in Fürth; veröffentlichte Romane und Gedichte. 1988 erhielt sie ein Stipendium des Künstlerhauses Edenkoben. Von 1994 bis 2002 war sie mit Wolfgang Hilbig verheiratet.

Benno Bartocha: Seiten 52, 53, 55
Rolf Schumann: Seiten 37, 39 (beide), 50
Stadtarchiv Meuselwitz: Vor- und Nachsatz, Seiten 38, 47, 90, 91
Dieter Stasiak: Seiten 35, 48, 93
Alle übrigen Abbildungen Constance und Margret Franzlik
Wir danken allen, vor allem Frau Stefanie Müller, Stadtarchiv Meuselwitz, für die freundliche Zusammenarbeit.

Wolfgang Hilbig, 1941 in Meuselwitz/Thüringen geboren, arbeitete als Werkzeugmacher und Montage-Arbeiter; 1967 war er offizielles Mitglied im »Zirkel schreibender Arbeiter« in Leipzig, wurde aber schon 1968 wegen seiner Texte und seine Sympathie für den Prager Frühling ausgeschlossen. 1970 kehrte er nach Meuselwitz zurück und arbeitete dort in der Maschinen-Fabrik als Heizer. Nebenbei schrieb er Gedichte und Prosa. 1978 war er für kurze Zeit wegen »staatsfeindlicher Handlungen« in Haft, zog danach nach Ost-Berlin, wo er seit 1979 als freier Schriftsteller lebte. 1979 erschien auch sein erstes Buch, der Gedichtband »abwesenheit«, im S. Fischer Verlag in der Bundesrepublik. 1985 verließ er die DDR. Nach drei Romanen, »Eine Übertragung«, »Ich« und »Das Provisorium«, gehörte er zu den von Lesern und Kritikern meistgeschätzten deutschen Schriftstellern. 1989 erhielt er den Ingeborg-Bachmann-Preis, 1994 den Bremer Literaturpreis, 1997 den Fontane-Preis, 2002 den Peter-Huchel-Preis und den Georg-Büchner-Preis. Im Juni 2007 starb er in Berlin und ist dort auf dem Dorotheenstädtischen Friedhof begraben.

Margret Franzlik wurde 1950 in Neubrandenburg, Mecklenburg, geboren. 1969 Abitur, Volontariat bei der Tageszeitung »Freie Erde«, 1970 bis 1974 Journalistik-Studium an der Karl-Marx-Universität Leipzig, dann bis 1990 Redakteurin bei RBI (Radio Berlin International, dem DDR-Pendant zur Deutschen Welle Köln). Bis 2010 Redakteurin, Moderatorin und Programmchefin bei einem privaten regionalen Fernsehsender in der Uckermark. Lebt in Berlin.

Stadtplan Meuselwitz (Ausschnitt),
um 1948, mit ausgewählten Gebäuden